Quick Guide

Quick Guides liefern schnell erschließbares, kompaktes und umsetzungsorientiertes Wissen. Leser erhalten mit den Quick Guides verlässliche Fachinformationen, um mitreden, fundiert entscheiden und direkt handeln zu können.

Weitere Bände in der Reihe http://www.springer.com/series/15709

Sarah Petifourt

Quick Guide Agile Content-Produktion

Die Customer Experience an allen Touchpoints optimal gestalten

Sarah Petifourt
ZONE GmbH
Köln, Deutschland

Quick Guide
ISBN 978-3-658-23265-8   ISBN 978-3-658-23266-5   (eBook)
https://doi.org/10.1007/978-3-658-23266-5

Die Deutsche Nationalbibliothek verzeichnet diese Publikation in der Deutschen Nationalbibliografie; detaillierte bibliografische Daten sind im Internet über http://dnb.d-nb.de abrufbar.

Springer Gabler
© Springer Fachmedien Wiesbaden GmbH, ein Teil von Springer Nature 2019
Das Werk einschließlich aller seiner Teile ist urheberrechtlich geschützt. Jede Verwertung, die nicht ausdrücklich vom Urheberrechtsgesetz zugelassen ist, bedarf der vorherigen Zustimmung des Verlags. Das gilt insbesondere für Vervielfältigungen, Bearbeitungen, Übersetzungen, Mikroverfilmungen und die Einspeicherung und Verarbeitung in elektronischen Systemen.
Die Wiedergabe von Gebrauchsnamen, Handelsnamen, Warenbezeichnungen usw. in diesem Werk berechtigt auch ohne besondere Kennzeichnung nicht zu der Annahme, dass solche Namen im Sinne der Warenzeichen- und Markenschutz-Gesetzgebung als frei zu betrachten wären und daher von jedermann benutzt werden dürften.
Der Verlag, die Autoren und die Herausgeber gehen davon aus, dass die Angaben und Informationen in diesem Werk zum Zeitpunkt der Veröffentlichung vollständig und korrekt sind. Weder der Verlag, noch die Autoren oder die Herausgeber übernehmen, ausdrücklich oder implizit, Gewähr für den Inhalt des Werkes, etwaige Fehler oder Äußerungen. Der Verlag bleibt im Hinblick auf geografische Zuordnungen und Gebietsbezeichnungen in veröffentlichten Karten und Institutionsadressen neutral.

Springer Gabler ist ein Imprint der eingetragenen Gesellschaft Springer Fachmedien Wiesbaden GmbH und ist ein Teil von Springer Nature
Die Anschrift der Gesellschaft ist: Abraham-Lincoln-Str. 46, 65189 Wiesbaden, Germany

Vorwort

Marken haben es im Moment schwer. Denn klassische Zielgruppenmodelle sind veraltet, gängige Wettbewerbsanalysen für die Katz. Die Situation ruft eine „gefährliche" Konkurrenz auf den Plan, die plötzlich aus unerwarteten Ecken kommt, wie etwa Uber, Airbnb, Netflix, FinTechs & Co. es gezeigt haben.

In einem noch nie dagewesenen Ausmaß werden Produkte immer austauschbarer. Wie einzigartig können unsere Angebote überhaupt noch sein? Gibt es noch so etwas wie USP und UCP? Oder müssen wir diese überdenken?

Und wenn nur ein einziger Fehler gemacht wird, entsteht ein brüllender und unaufhaltsamer Shitstorm. Kundenbindung wird zum harten Geschäft.

Als ob das nicht genug wäre, werden Verbraucher immer verantwortungsvoller und hinterfragen Produkte oder Dienstleistungen. Der Trend zur Nachhaltigkeit stellt die gesamte Wertschöpfungskette in Frage. Wie anstrengend!

Nein, wir sind immer noch nicht am Ende der Herausforderungen!

Zusätzlich kommt nun auch noch das Marketing mit dem Thema Personalisierung um die Ecke, konkret mit datengesteuertem Marketing und Consumer Insights. Schon lange sind die Zeiten vorbei, in denen der Marlboro-Mann in Ruhe durch das Land ritt, entspannt eine Botschaft an alle distribuierte und jeder ihm zuhörte.

Wenn sie weiterhin im gewohnten Trott bleiben, werden all diese Dinge Ihre Marken lähmen, vielleicht sogar bis zum Abgrund führen. Es reicht nicht mehr aus, ein schönes Schaufenster zu bestücken, um den Kunden zum Kauf zu animieren. Führende Unternehmen erschaffen aus Design und Daten herausragende Kundenerlebnisse. Die Außendarstellung muss heute kreativ und wandelbar sein, sich auf Einzelne einlassen können. Sie muss ein Verständnis über Konsumenten generieren und sie muss vor allem schnell sein.

Das Thema Content spielt dabei eine maßgebliche Rolle, denn dieser ist neben den Produkten der permanente Kontaktpunkt zwischen Marke und Konsument. Content ist nahezu alles, was eine Marke bewusst oder unbewusst kommuniziert. Mit Content, verbal wie non-verbal, können wir fesseln, überzeugen oder zu Tränen rühren. Wir können aber auch schlichtweg wertvolle Informationen vermitteln. Und all dies mit einer faszinierenden Vielzahl an Möglichkeiten, vom Posting über Bots bis hin zu Augmented Reality.

Man muss es einfach nur ausprobieren und machen!

Köln
im Herbst 2018

Sarah Petifourt

Inhaltsverzeichnis

1	**Noch ein Buch über Content?**	1
1.1	Alles schon bekannt oder neue Galaxien entdecken?	1
1.2	Krieg der Sterne – zwischen Langeweile und Experience	3
1.3	Das Ziel dieses Buches	10
	Literatur	12
2	**Kunden hören und ihre Bedürfnisse verstehen**	13
2.1	Der Aufschrei der Nutzer, den viele überhören	13
2.2	Für immer treu? Kundenloyalität im Wandel	19
2.3	Zurück in die Zukunft? Storytelling	25
	Literatur	31
3	**Content als Währung begreifen**	33
3.1	Die magische Welt der Daten	34
3.2	Content ohne Grenzen	36
3.3	Go! B2B in Echtzeit	40
3.4	Content als kreatives Researchtool	43

	3.5 Die Macht der Emotionen	48
	3.6 The First Mover	51
	3.7 Die neue Dimension: Augmented und Virtual Reality	54
	3.8 Non-visueller Content als „Super Service"	56
	Literatur	61
4	**Den Warp-Antrieb für Content aktivieren**	**65**
	4.1 Die agile Arbeitsweise	67
	4.2 Agile, Lean, Design Thinking – die Guten ins Töpfchen …	68
	4.3 Das Team – interdisziplinär und kollaborativ	73
	4.4 Content-Infrastruktur und Aufgabenmanagement	76
	4.5 Das Content-Markenrad	80
	4.6 UX Research – „Wissen ist Macht"	85
	Literatur	95

Zusammenfassung   97

1

Noch ein Buch über Content?

> **Was Sie aus diesem Kapitel mitnehmen**
> - Dass Content – also jede inhaltliche Botschaft, die Ihr Unternehmen kommuniziert – ein essenzieller Dreh- und Angelpunkt für Ihre Marke werden kann.
> - Dass Content erfolgreich ist, wenn er aus Kreativität, Daten und Technologie kombiniert wird.
> - Als Schlüsselfaktor bei Themen wie Kundenerlebnisse und Experience kann dieser zu einem Research-, Umsetzungs- und Prognosetool werden
> - Wie wichtig der Leitsatz: „Richtige Botschaft – zum richtigen Zeitpunkt – an die richtige Person" ist.
> - Warum ein Umdenken stattfinden muss und Scheitern dazugehört: Endlich machen, statt nur darüber zu sprechen!

1.1 Alles schon bekannt oder neue Galaxien entdecken?

Über Content zu lesen, fühlt sich an, wie im November Last Christmas zu hören. Tausendfach gehört, von allen Perspektiven beleuchtet und alles Wissenswerte dargelegt. Oder vielleicht doch nicht?

Das Verrückte ist, dass kaum ein Begriff so stark in den Marketing-Buzzwords Platz gefunden hat wie Content, gleichzeitig aber so wenig verstanden wird.

Vor allem aber wird Content gnadenlos unterschätzt. Dabei kann er ein untrüglicher Indikator dafür sein, ob Unternehmen im digitalen Zeitalter gut oder schlecht aufgestellt sind.

Denn ein absoluter Schlüsselfaktor, wenn es um Kundenerlebnisse oder besser gesagt Experience geht, ist Content. Er kann Research-, Umsetzungs- und Prognosetool zugleich sein und damit zu einem essenziellen Dreh- und Angelpunkt für Marken werden. Durch das kontinuierliche Generieren von Wissen bleibt man als Unternehmen zudem am Puls der Zeit und ist für Veränderungen gewappnet.

Marken müssen sich vor allem diese Fragen sehr deutlich und ehrlich stellen:

- Wie gelingt es mir, die klaffende Lücke zwischen Kommunikations- und Kaufverhalten der Konsumenten und dem Absenderverhalten meines Unternehmens zu schließen?
- Wie kann ich in immer schnelllebigeren Zeiten eine anpassungsfähige, zeitnahe, mehrwertstiftende Experience bieten, die am Puls der Zeit ist und den Wünschen der Konsumenten entspricht?
- Wie kann ich wissen, was meine Kunden wie auch potenzielle Konsumenten benötigen?
- Wie kann ich meinen Markenkern in immer unterschiedlicheren Zielgruppensegmenten richtig inszenieren, ohne den Kern zu verlieren oder die Botschaft zu verfremden?
- Wie kann ich in Echtzeit maßgeschneiderte Inhalte mit Mehrwert an die richtigen Personen transportieren?
- Wie kann ich all dies erreichen? Unabhängig davon, ob ich ein gigantischer Konzern oder ein kleines Start-up bin.

Heute hat man unzählige Plattformen, Formate, Zielgruppenbedürfnisse und muss mit der richtigen Relevanz Markeninhalte in Häppchenform in einer überragenden Schnelligkeit an den Konsumenten bringen. Diese hohe Kunst gelingt nicht mit klassischen Redaktionsplänen, die innerhalb eines Unternehmens von unterschiedlichen Abteilungen verantwortet werden.

Denn gleichzeitig gilt es mehr denn je, die richtigen Informationen über Konsumenten zu erhalten.

Dafür aber muss Kreativität mit Technologie zu einer flexiblen und doch harten Legierung geschmiedet werden. Content & Experience heißt nichts anderes, als Kreativität und Technologie zu kombinieren. Nach wie vor aber werden die Bereiche Kreativität, Technologie und Content zu stark voneinander getrennt. Auf der einen Seite entstehen in Unternehmen brillante und hoch innovative technische Lösungen und auf der anderen Seite image- und abverkaufssteigernde Markenkampagnen.

Aber erfolgreich wird man erst, wenn man es versteht, beide Bereiche miteinander zu verbinden. Erst dann bleiben Marken kontinuierlich wettbewerbsfähig, indem sie anderen einen Schritt voraus sind, zukunftsorientiert agieren, einen frischen und smarten Blick auf Konsumenten und neue Zielgruppensegmente haben und gleichzeitig Unternehmensstrukturen aufweisen, die das alles möglich machen.

Warum ich also das x-te Buch über den Bereich Content schreibe? Das möchte ich Ihnen nachfolgend in kurzen, prägnanten Thesen zusammenfassen. Vielleicht stimmen Sie mir in vielen Punkten zu. Dann verhilft Ihnen die weitere Lektüre dieses Buches hoffentlich zu praxisnahen Einsichten in ein erfolgreiches Content-Management.

1.2 Krieg der Sterne – zwischen Langeweile und Experience

Massenweise Content, aber kaum Landemöglichkeiten
Die ansteigende Konnektivität führt zu einer stetig wachsenden Quantität an Content, aber leider nicht zu mehr Qualität.

Bis 2020, so schätzt u. a. der Report „The Path to 2020", wird es 50 Mrd. vernetzte Geräte geben, die automatisch miteinander kommunizieren. Das wären im Durchschnitt sieben Geräte pro Person. Nun haben wir diese exorbitante Anzahl an vernetzten Geräten noch nicht einmal erreicht, doch die Anzahl an Touchpoints zu Konsumenten ist bereits jetzt kaum mehr zu überschauen. Entstanden ist dadurch mittlerweile ein Bombardement der Konsumenten mit Content. Das Motto vieler Marken scheint zu lauten: lieber alles erzählen, als nicht gehört zu werden. Und so entsteht eine Flut an ich-bezogenen Markenmonologen, die auch noch parallel über alle möglichen Kanäle gleichzeitig distribuiert wird.

Die Konsequenz: Tinnitus! Ein Fiepen in den Ohren der Konsumenten. Und so befinden wir uns im Zeitalter des absoluten Content-Schocks.

Wenn also alle Weisheiten zum Thema Content auf dem Tisch liegen, warum werden wir dann tagtäglich immer noch mit Millionen nichtssagender Posts, Ads, Chatnachrichten, Plakaten, Bildern usw. konfrontiert? Gefühlt haben 80 % des aktuellen Contents, sprich der aktuellen Markendarstellungen, keinen Mehrwert. Sie sind weder emotionaler noch informativer Natur und von individuellem Mehrwert wollen wir gar nicht erst sprechen. Den wenigsten Marken gelingt es zeitnah, aktuellen und interessanten Content zu veröffentlichen. Warum ist das so?

„Man kann nicht nicht kommunizieren"
Dieser Grundsatz von Paul Watzlawick (Watzlawick et al. 1969, S. 53) gilt immer noch. Also sollte man das Kommunizieren besser richtig gut beherrschen. Augmented Reality, Virtual Reality, Voice Technology … Die Palette ist für die Kommunikation so vielfältig wie spannend. Content bietet eine facettenreiche Bandbreite an Interface-Schnittstellen. Der Dialog mit dem Kunden kann aufregend, interessant und kreativ sein. Unsere Welt ist spannend und Konsumenten gehen davon aus, dass Marken mit der Zeit gehen und eine Experience anbieten, die ihren Erwartungen entspricht.

Und doch verharren viele Marken und Unternehmen auf gewohnten Wegen. Neue Technologien und Möglichkeiten werden meist nur zaghaft genutzt. Denn nur selten „probieren" Marken einfach mal aus. Zu hoch ist der Drang nach Perfektion und zu dominant ist die Mentalität der Absicherung. Doch gerade das Spielen mit neuen Content-Formaten und Möglichkeiten lässt die Marke nicht nur als First Mover glänzen, es spielt gleichzeitig viele interessante Erkenntnisse über Konsumenten zurück.

Nicht immer nur reden – machen!
Wir wissen vieles über Content. Dennoch werden derzeit wenige Konsequenzen aus diesem Wissen gezogen. Viele Strukturen und Prozesse sind überhaupt nicht dazu fähig, dem Konsumenten zeitnahe Mehrwerte in Form von Content ausspielen zu können (Bitkom 2017a).

Und so kranken die meisten Unternehmen noch immer daran, klassische, langsame und langweilige Contents und Experiences anzubieten, die das Unternehmen viel kostet und wenig wertvolle Insights zurückspielt.

Die wenigsten Marken konzipieren, entwickeln und distribuieren Content so, dass sich für sie wiederum gewinnbringende Informationen ergeben. Stattdessen wird der x-te nichtssagende Markenmonolog veröffentlicht, der zuvor teure Abstimmungsprozesse durchlief und nur wenig gewinnbringenden Output bzw. wenig Erkenntnisse erzielt. Richtige Botschaft – zum richtigen Zeitpunkt – an die richtige Person? Viel zitiert und nur selten umgesetzt!

Mit Content am Puls der Zeit bleiben
Ein paar Beispiele: Bekannte Hersteller von Fotoapparaten haben es seiner Zeit verpasst, die Momentaufnahme der Digitalisierung richtig zu interpretieren. Die Folge: Sie waren zu langsam darin, neue Produkte und vor allem Mehrwerte zu schaffen. Die TV-Industrie sah Netflix kommen. Aber sie erkannte nicht, wie sich die digitalen Erkenntnisse mit etwas Raffinesse in erfolgreiche Eigenproduktionen umwandeln lassen. Die Liste an Unternehmen, die ihre Chancen nicht erkannten, ist lang. Das Muster ist jedoch eindeutig: Wer Trends nicht erkennt und gewonnene Erkenntnisse nicht in neue Ideen umwandelt, wird gnadenlos abgehängt.

Viele Marken haben ganz unterschiedliche Methoden kreiert, um am Puls der Zeit zu bleiben. Die einen entsenden sogenannte Trend-Watcher in die wichtigsten Zielmärkte, damit diese in den hippsten Designstudios, Bars und Clubs dieser Welt kreative Neuströmungen direkt auffangen. Andere nutzen Trendsetter-Plattformen, wie Stylus oder Coolhunter.

Wieder andere kaufen alle paar Jahre teure Zukunftsforschungen, um intervallsmäßig Langzeitstrategien zu entwickeln.

Für jede Marke sieht die Lösung anders aus. Zu unterschiedlich sind einzelne Anforderungen wie z. B. Zeit und Rhythmus. Für die einen ändert sich der Markt bereits alle drei Monate, für andere tickt der Zyklus langsamer.

Das Naheliegendste jedoch ist das, das für alle Unternehmen gleichermaßen gilt und eigentlich bereits eine umgesetzte Selbstverständlichkeit sein sollte: Es werden diejenigen Erfolg haben, die neue Bedürfnisse von Konsumenten frühzeitig erkennen und eine brillante Customer Experience an den Tag legen. Und Content – so klein und unscheinbar dieser Begriff auch klingt – spielt dabei eine sehr viel größere Rolle, als viele diesem zusprechen.

Schlechter Content ist schlichtweg ineffektiv und teuer

Fassen wir den Status quo zusammen: Es gibt viel zu viele sinnfreie Produktionen, falsch eingesetzte Budgets und Ressourcen, viel zu lange Abstimmungsprozesse durch starre Strukturen und falsche Zielsetzungen. So sieht der Alltag in den meisten deutschen Unternehmen aus. Das fehlende Gespür für Kunden ist oft gleichbedeutend mit entsprechend niedrigem Absatz. Content richtig einzusetzen, in einer hoch effizienten agilen Weise ist dagegen bares Gold wert. Erkennt man die Potenziale von Content, versteht man erst einmal wie viel Budgets verschwendet werden.

Die meisten Abstimmungsprozesse von Unternehmen können aktuell als ineffizient und teuer umschrieben werden. Teams, die thematisch übereinstimmend wirken sollten, arbeiten in getrennten Abteilungen. Sich abzustimmen dauert bei jedem noch so kleinen Thema Ewigkeiten. So lange bis „draußen" die Welt eigentlich schon wieder einen entscheidenden Schritt weiter ist. Entsprechend ist die Außendarstellung einiger Marken geschwächt. Die Reaktionszeit ist zu langsam, um noch interessante Entscheidungen fällen zu können.

Es gilt, die immer weiter steigende Konnektivität im deutschen Unternehmergeist zu verankern.

Content ist ein herrlicher Indikator
Und so ist mein persönlicher Schock-Moment immer wieder: Wenn ich begreifen muss, wie wenig große und bedeutende Marken über ihre Konsumenten wissen. Und das in einer Zeit, in der Experience ein maßgeblicher, wenn nicht sogar der maßgeblichste Wettbewerbsvorteil überhaupt ist.

Die Hälfte der in einer Studie (Etventure 2017) befragten US-Unternehmen erwartet bereits in weniger als einem Jahr positive Effekte ihrer umgesetzten digitalen Transformation auf Marktanteile oder Umsatz. In Deutschland rechnen gerade einmal sechs Prozent damit, dass sich ihre Digitalaktivitäten schon in naher Zukunft auszahlen werden.

Der Grund: Man geht zu ungern ans Eingemachte. Aber sind dies nicht einfach nur Zwischenlösungen statt fundamentale Langzeitvarianten?

Agile Content-Produktion kann für die ersten Schritte helfen, die steigende Konnektivität nicht als Hürde, sondern als Chance zu verstehen. Denn es gilt sowohl träge Innovationsbereitschaft zu eliminieren als auch mit den Konsumenten auf gleicher Höhe zu kommunizieren – und falsche Strukturen aufzudecken. Aktuell ist es oftmals so, dass Strukturen deutscher Unternehmen das wirtschaftliche Potenzial von qualitativ hochwertigem Content nicht ausschöpfen können.

Es ist bemerkenswert zu sehen, mit welcher Vehemenz sich manche Marken den neuen Herausforderungen stellen und sich komplett umstrukturieren. Doch genauso bemerkenswert bis gar erschütternd ist es, wie wenige Marken dazu bereit sind.

Guter Content bedeutet ein Invest
Warum hat man bereitwillig so viel Geld in TV- und Printwerbung gesteckt und beim heutigen Wandel zaudert man – obwohl dieser so viel mehr wertvolle Insights zurückspielen kann? (Bitkom 2017b; Kobaltblau 2017). Bisher hätten die wenigsten Entscheider, nämlich nur 14 %, durch die digitale Umstellung „einen geldwerten Mehrwert erhalten", wie es heißt. „Wenn Unternehmen mit ihren Digitalisierungsprojekten bis jetzt noch keine Gewinne eingefahren haben, kann das auch daran liegen, dass sie vergleichsweise spät auf

den digitalen Zug aufgesprungen sind", sagt Hans-Werner Feick, Geschäftsführer von Kobaltblau (2017).

Schaut man sich nun ohnehin sehr erfolgreiche Unternehmen wie Airbnb, Google, Amazon & Co an, die in permanente Optimierung durch User Research und Testing investieren, stellt sich die Frage, ob der Grund für den Rückstand der deutschen Unternehmen darin liegt, dass diese immer nur den kleinen Zeh ins Wasser stecken, statt die gesamte Anforderungsbreite zu verstehen.

Wer weiterhin Budgets in selbstinszenierte Werbemonologe investiert, teure und fatal langsame Abstimmungsprozesse an den Tag legt und nach wie vor Customer Experience nicht lebt, wird keinen Gewinn erzielen. Dann hat dies aber nicht viel mit der Digitalisierung an sich zu tun, sondern mit der Trägheit, dem Unverständnis für Ursache und Wirkung und der daraus resultierenden Konsequenz. Es ist keine langfristige Lösung, sogenannte Speedboats vor den Konzern zu schnallen oder mit Start-ups zu arbeiten. Der Wandel muss das Unternehmen selbst erfassen. Und es wird langsam Zeit dies umzusetzen, statt nur davon zu sprechen.

Wer jetzt zu langsam ist, wird es bei Künstlicher Intelligenz schwer haben
Während sich viele Marken mit der Nutzung Sozialer Medien schwertun und weder Schnelligkeit noch Mehrwert zutage kommen lassen sind Konsumenten schon wieder drei Schritte weiter.

Gerade das Thema Künstliche Intelligenz konnte u. a., dank des vorhandenen Datenparadieses, rasant an Auftrieb gewinnen. Nun sprechen mittlerweile Sprachassistenten mit uns, smart umgesetzte Bots ermöglichen es, ein Taxi aus WhatsApp heraus zu bestellen und andere Bots wiederum bestimmen unsere sportliche Laufbahn durch individuelle Trainingstipps. Während also auf der einen Seite Unternehmen solch gewinnbringende und emotionale Mehrwerte realisieren, sehen sich manche Marken noch mit schlechten bis sehr schlechten mobilen Auftritten konfrontiert oder der Frage, ob der Markenmonolog mit gespiegeltem Content auf allen digitalen Plattformen wie Facebook, Instagram und Twitter erfolgreich ist oder nicht.

Content mag für manche vollkommen nebensächlich klingen, doch alleine anhand der oben genannten Beispiele wird sehr deutlich, dass das kleine Wort Content gerade der beste Indikator dafür ist, ob ein Unternehmen langfristig im digitalen Umfeld überleben wird. Denn eines ist ganz sicher: Marken kommunizieren und agieren noch immer nicht auf Augenhöhe mit dem Konsumenten. Sie halten nicht einmal annähernd Schritt mit der Entwicklung des Kommunikationsverhaltens.

Die Digitalisierung verändert schließlich nicht nur Geschäftsprozesse, sondern auch die Geschäftsmodelle. So manche Branche hat das bereits zu spüren bekommen.

Der eingangs erwähnte Fahrdienst Uber wird ohne eigene Fabrik oder Fahrzeuge höher bewertet als mancher Autohersteller. Und der Zimmervermittler Airbnb ist ohne eine einzige Immobilie weltweit führend bei Übernachtungsangeboten.

Produkte sind austauschbar – eine gute Content Experience nicht!
Die oben aufgeführten Punkte sind der Grund, warum es mir wichtig ist, noch ein Buch über Content zu verfassen. Denn bei zunehmender Marktkomplexität und Dynamik sind Marken uns Konsumenten eine gute Customer Experience schuldig. Und hierfür ist Content das A und O.

Diese Experience entsteht allerdings nicht, wenn man Bereiche künstlich separiert, sich in wissenschaftlichem Fachsimpeln verliert oder irgendwelche neuen Buzzwords kreiert. Gefragt sind ganzheitliches Denken, realistische Blicke auf Konsumenten und gut zusammenarbeitende Teams auf Markenseite.

Denn während Produkte immer austauschbarer werden, kann die Marke mit einer smarten Experience den Unterschied machen.

Warum konnten Fintechs den klassischen Banken in den letzten Jahren doch mehr Konkurrenz machen, als erwartet? Unter anderem, weil sie gezeigt haben, dass der Umgang mit Geld Spaß machen kann. Mit fantastischen Benutzerführungen wurde ein trockenes Thema spielerisch händelbar. Oder wie gelang es Airbnb, die Konkurrenz soweit zurückzudrängen? Weil sie unglaublich viel in die ständige Optimierung ihrer Consumer Experience investieren. Trotz des Unternehmenserfolgs entwickelt die Marke in Permanenz weiter und investiert sehr viel in kontinuierliches Research und Testing. In einem sehr engen Sprint-Zyklus werden die Benutzerfreundlichkeit der Seite sowie Mehrwerte durch Nutzertesting verifiziert. Stillstand wird hier nicht geduldet. Es macht „Spaß", auf die Website zu gehen, zu entdecken und zu stöbern. Der Invest in die Consumer Experience zeigt sehr deutlich, welch wirtschaftlichen Impact dies haben kann. Und, dass wir hier wahrlich nicht von kreativem Firlefanz und Design-Schischi sprechen.

1.3 Das Ziel dieses Buches

Im vorherigen Abschnitt wurde der Status quo recht kritisch betrachtet. Was aber soll erreicht werden? Welchen Zustand sollten Marken anstreben? Was wäre eine gute Marschrichtung? Was ein effizienter Weg zum Ziel?

Wie kann ein Unternehmen vom reinen Reden also in den Zustand des Machens gelangen? Abb. 1.1 verdeutlicht Punkt für Punkt, wie Unternehmen derzeit oftmals noch agieren und wie eine effiziente Alternative dazu aussehen kann, um schneller und weniger starr zu werden.

Statt punktuell Businesspotenziale aufzuzeigen, die zeitnah wieder veralten seit können, gilt es eine Kultur zu etablieren, die das Prinzip „Test & Learn" begünstigt. Hierbei liegt das Augenmerk nicht nur auf einer innen zentrierten Sicht des Unternehmens, sondern vielmehr auf der Außenperspektive, nämlich den Kundenbedürfnissen.

Dieses Mindset kreiert gleichzeitig kreativen Spielraum für Inhaltsplaner- und -gestalter. Eine Freiheit, die für guten und sinnvollen Content dringend benötigt wird, statt lediglich auf eine Ansammlung von Daten- und Content-Pools zugreifen zu dürfen.

Werden diese Vorgehen miteinander kombiniert – durch ein agiles „Test & Learn"-Prinzip, mit kreativem Spielraum, dem fokussierten Blick auf Kundeninsights sowie einer kontinuierlichen Effizienzmessung – werden Unternehmen automatisch reaktionsfähiger. Denn sie erfahren schneller, welche Handlungen nötig sind und sind so aufgestellt, dass sie auch zeitnah reagieren können.

So schaffen Sie es, dass die eigens aufgestellten Strukturen Ihre Vorhaben nicht lähmen.

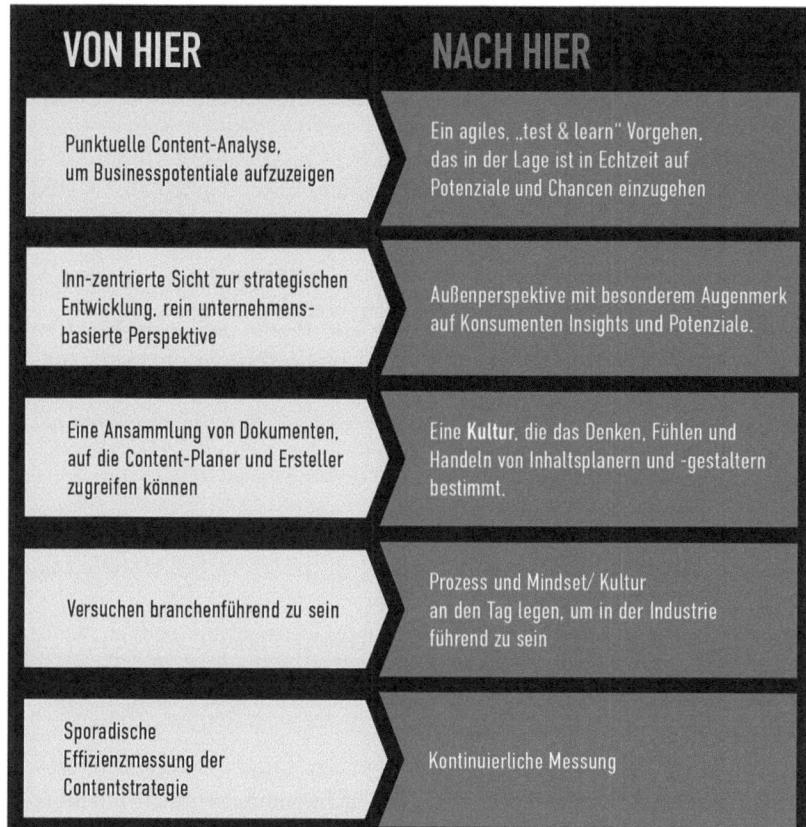

Abb. 1.1 Welchen Weg sollten Unternehmen anstreben. (Quelle: Petifourt)

Die in Abb. 1.1 aufgezeigten Alternativen können keine allgemeingültige Patentantwort für alles und jeden sein, denn dafür stehen einzelne Konzerne, Marken und Teams jeweils vor zu individuellen Herausforderungen. Aber es wird ein grundsätzliches Raster aufgezeigt, das für jedes Unternehmen Anreize und Inspirationen bieten kann. Hauptsächlich muss es allerdings um ein Umdenken gehen. Darum, das Ungewisse weniger zu fürchten und das Scheitern zu lernen. Lassen Sie uns, neben aller preußischer Disziplin und deutschem Perfektionismus, das uns anscheinend tief im Blut steckt, auch mal eine 70-Prozent-Lösung versuchen. Nicht, um ab jetzt schlechter abzuliefern, sondern besser! Denn durch das Unfertige öffnen wir die Tür für Optimierungen.

> **Ihr Transfer in die Praxis**
> - Wie sieht die Customer Experience in Ihrem Unternehmen aus? Bieten Sie eine? Welche Touchpoints gibt es und welche Abteilungen sind involviert?
> - Bieten Sie an jedem Touchpoint wertigen Content an?
> - Haben Sie überhaupt eine Content-Strategie und wie sieht diese aus?
> - Prüfen Sie Ihr Unternehmen auf Herz und Nieren und seien Sie offen für ein Umdenken, ein neues Mindset und haben Sie niemals Angst davor zu scheitern.

Literatur

Bitkom. (2017a). Bitkom Research. https://www.bitkom-research.de. Zugegriffen: 20. Dez. 2017.

Bitkom. (2017b). Trendstudie Digitalisierung: Deutschland endlich auf dem Sprung? https://studie-digitalisierung.de/wp-content/uploads/2017/11/Studie-Digitalisierung-Deutschland-endlich-auf-dem-Sprung.pdf. Zugegriffen: 20. Aug. 2018.

Etventure. (2017). etventure. https://www.etventure.de/blog/etventure-studie-digitale-transformation-2017-die-deutschen-unternehmen-sind-zu-langsam-und-zu-unflexibel/. Zugegriuffen: 21. Jan. 2018.

Kobaltblau. (2017). Studie „Digitalisierung: Vier von zehn Unternehmen in Deutschland mit negativen Erfahrungen". https://www.kobaltblau.de/news-events/news/detail/beitrag/digitalisierung-vier-von-zehn-unternehmen-in-deutschland-mit-negativen-erfahrungen/. Zugegriffen: 13. Aug. 2018.

Watzlawick, P., Beavin, J. H., & Jackson, D. D. (1969). *Menschliche Kommunikation*. Bern: Huber.

2
Kunden hören und ihre Bedürfnisse verstehen

> **Was Sie aus diesem Kapitel mitnehmen**
> - Der Graben zwischen dem Kommunikationsverhalten der Konsumenten und dem der Unternehmen wird immer größer und wirtschaftlich verheerender.
> - Wie wichtig es ist, die Kunden auf den richtigen Touchpoints abzuholen, denn Loyalität ist im Wandel.
> - Dass lange Markenmonologe ausgedient haben und dass agiles Messen und Nachjustieren der Alltag sein sollten.
> - Dass Sie von Ihren unzufriedenen Kunden oft nichts hören – andere aber schon.
> - Dass Sie von Ihren Kunden besessen sein sollten.

2.1 Der Aufschrei der Nutzer, den viele überhören

Unser digitaler Alltag ist ernüchternd: Seiten sind mobil verfügbar, aber Welten davon entfernt, einer guten mobilen Handhabung zu entsprechen, also optimiert worden zu sein. Digitale Auftritte verlieren sich nur allzu gerne in ihrer eigenen Inhaltsfülle. Wir bekommen einen Irrgarten an digitalen Markenauftritten und Altleichen geboten. Falsches Targeting, das Konsumenten mit falschen Botschaften zu einem falschen Zeitpunkt erreicht. Keine vernetzten Abteilungen, sodass eine Sachlage auf jedem Kanal neu geschildert werden muss. Meilen an langweiligen Markenmonologen.

Was ist da nur los? Müssten wir es nicht schon längst besser wissen?

Eine Google-Studie besagt, dass mobile Seiten durchschnittlich 15 s Ladezeit benötigen (Google 2018). Eine fatal lange Zeit, wenn man dem gegenüberstellt, dass 53 % der mobilen Nutzer bei einer Ladezeit von über drei Sekunden bereits abspringen. In dieser Studie wurde zusätzlich festgestellt, dass es bei 70 % der analysierten mobilen Landingpages mehr als fünf Sekunden dauert, bis der visuelle Inhalt auf dem Bildschirm angezeigt wurde, und es dauerte mehr als sieben Sekunden, bis alle visuellen Bestandteile vollständig geladen waren. Mehr als die Hälfte der Website-Zugriffe passieren über mobile Endgeräte. Allein diese Zahl verdeutlicht den großen Graben zwischen Nutzungsverhalten der Konsumenten und was Marken zur Verfügung stellen.

Auch Branchen wie der Finanzsektor müssen sich dieser Thematik stellen. Es zählt nicht mehr, wie lange eingesessen ein Bankhaus ist, wichtiger ist die Verfügbarkeit der Services – jederzeit und an jedem Ort. Fintechs schließen diese Lücke und bedrohen die bekannten Geldinstitute, indem sie einzig und allein auf die Bedürfnisse des Kunden eingehen. Verlierer in diesem Bereich werden diejenigen sein, die sich auf bestehenden Lösungen ausruhen, dem technologischen Fortschritt nicht folgen oder sich aufgrund der Größe einem solchen Fortschritt nicht stellen können. Dabei ist Größe kein Ausschlusskriterium, ganz im Gegenteil, wie gerade die Fintechs es ja beweisen.

Es gibt viele weitere Indikatoren, die sehr deutlich zeigen, dass Marken nicht auf Augenhöhe mit den Nutzern agieren. Wie z. B. die stetig ansteigende Nutzung von Werbeblockern, allein 2016 bei 30 % (Pagefair 2017) lag. Oder die immer weiter sinkende Engagementrate. Während es 2016 durchschnittlich noch 340 Interaktionen pro Facebook-Posting waren, waren es 2017 bereits nur noch 264. Tendenz sinkend (Buzzsumo 2018). Die Gründe sind mannigfaltig: steigende

Werbeausgaben, weniger organische Reichweite und geänderter Facebook-Algorithmus. Es ist aber auch der harte Konkurrenzdruck, denn der Platz im Newsfeed eines Nutzers ist nur begrenzt. Mit jeder neuen Seite und durch die sinkende Reichweite eines Posts steigt die Schlagzahl an Postings, um dies auszugleichen. Und die Anzahl der Inhalte auf Facebook wächst und wächst. Der pure Content-Overkill.

Doch viel frappierender sind die stillen Anzeichen. Denn hört man nur einmal in sich selbst hinein und überlegt, wann man einem Unternehmen mitgeteilt hat, wie schlecht der Auftritt der Services, also die Customer Experience war – dann war das wahrscheinlich nicht oft.

Und so hören lediglich 4 % der Unternehmen von der Unzufriedenheit ihrer Kunden (Ruby Newell Legner 2016).

Das scheint verrückt, denn noch nie kamen Marken einfacher, näher und über mehr Wege an den Konsumenten heran als heute. Gleichzeitig gab es noch nie so viele Kanäle über die Konsumenten ihre Meinung preisgegeben haben und ziemlich eindringlich erklärten, was sie sich wünschen und welche Erwartungen sie haben.

Und dennoch bescheinigt u. a. Forrester Research deutschen Marken eine recht bescheidene Customer Experience. Warum? Zum einen weil sie schlichtweg zu wenig über Konsumenten wissen, um diese umsetzen zu können. Zum anderen scheitert es an gängigen Strukturen, um eine ganzheitliche Customer Experience an den Tag zu legen.

Wie kann das sein, wenn es sich um eine solch wertvolle und gewinnbringende Mechanik handelt? Der „zufriedene Kunde" wäre eigentlich gar nicht so schwer zu erreichen.

Marken sind nur so viel wert wie ihre letzte Interaktion
Eine einzige schlechte Erfahrung wird erst durch 12 gute wieder wettgemacht (Ruby Newell Legner 2016).

Für 63 % der deutschen Verbraucher hängt die Markenloyalität nicht zuletzt davon ab, wie konsistent das Markenerlebnis über alle Kanäle ausgespielt wird (Europa: 61 %). Knapp die Hälfte von ihnen (45 %) erledigt ihre Einkäufe im Internet (Europa: 46 %), fast jeder vierte (24 %, Europa: 27 %) (Adobe und Goldsmith 2017) nutzt dazu regelmäßig ein mobiles Gerät. Adaptive, situationsoptimierte

Kundenerlebnisse sind damit keine Kür mehr, sondern gehören für eine nachhaltige Markenbindung längst zum Pflichtprogramm.

Die Frustration durch schlechte Nutzererlebnisse und mangelhafte Benutzerfreundlichkeit kann schnell sehr hoch werden – aber nicht alle Konsumenten werden sich beschweren, um dann zu hoffen, dass es besser wird. *Sie werden ganz einfach wegbleiben.*

„In an age of decreasing spare time and increasing amounts of choice, brands are only as good as their last interaction. And the risk is that, without proper use of data, brands will fail to spot the warning signs from their customers and loose business to others that have a better understanding of their needs" (Adobe und Goldsmith 2017).

„Besser spät als nie" ist keine Option
„Oh, das haben wir nicht mitbekommen", ist eigentlich kein Satz, den ich von einer Marke hören möchte. Lianne Lyne von LLC stellte mal die These auf, dass fast 90 % der Social-Media-Nachrichten von Marken nicht beantwortet werden und sie viermal so viele Beiträge veröffentlichen als Nachrichten und Antworten an User zu schreiben. „Hören Sie genau zu, was Ihre Kunden sagen, und reagieren Sie rechtzeitig und authentisch", wäre in dem Fall wohl die naheliegendste, aber schon so oft zitierte Empfehlung. Womit wir wieder bei dem Satz wären: Über Content zu lesen, gleicht Last-Christmas an Weihnachten zu hören.

Beim Blick auf das große Ganze ist unübersehbar, dass die Digital- und Mobiltechnologie zu grundlegenden Veränderungen und zu einer völlig neuen Situation für Nutzer und Werbetreibende geführt hat. Heutzutage können sich Nutzer ihre Wünsche jederzeit und überall erfüllen. Entscheidend ist, dass Warten der Vergangenheit angehört. Dadurch wird fast jeder Augenblick zu einem „entscheidenden Moment" (Google 2018).

Wenn nun aber jeder Augenblick zu einem entscheidenden wird, wie müssen Prozesse aussehen, um solche Momente nicht immer wieder zu verpassen? Hierauf wird in Kapitel drei tiefer eingegangen.

Wir sprachen von lauten wie leisen unzufriedenen Kunden. Was, wenn die lauten unzufriedenen Kunden nur die Spitze des Eisbergs eines umfassenden Problems sind? Laut Statistik steht ein unzufriedener Kunde für weitere 26 unzufriedene Kunden (Temkin Group 2018), welche im Gegenzug mindestens 390 weitere Personen negativ bezüglich Ihres Unternehmens und Ihrer Marke beeinflusst haben.

Im Bereich Content hören wir oft die Regel: Richtige Zeit, richtiger Ort, richtige Person. Diese ist nicht nur elementar, damit Content in Erinnerung bleibt. Es geht nicht nur um die Distribution nach außen. Content kommt auch ins Spiel, wenn es um Zuhören geht. Was brauchen die Konsumenten? Was interessiert sie? Welche Themen sind relevant? Welche Motive haben sie? Ist Frust dabei?

Keine Mechanik zu haben, die das tägliche Zuhören gewährleistet und das schnelle Reagieren ermöglicht, kann sehr riskant sein. Denn „Timing" ist bei Kundenunzufriedenheit essenziell. Frust kann sich schnell ins Exponentielle wandeln. Ein unzufriedener Kunde erzählt im Durchschnitt 9 bis 15 Personen von den negativen Erfahrungen. 13 % der Kunden erzählen es sogar mehr als 20 Personen (Temkin Group 2018). Mit diesen Zahlen im Kopf ist es ein wenig verwunderlich, dass die meisten Unternehmen und Organisationen ihre Kunden nur ein- bis zweimal pro Jahr nach ihren Erfahrungen fragen, obwohl dies mit einer bestimmten Content-Konzeption täglich möglich wäre (siehe Kap. 4).

Stellen wir den laufenden Verkaufszyklus von Unternehmen der nur sehr sporadisch stattfindenden Kundenbefragung gegenüber, wie in Abb. 2.1 skizziert, so zeigt sich wie viel Raum für schwelende und ausbrechende Frustration entstehen kann.

Tätigt ein Kunde einen Kauf und ist unzufrieden, handelt es sich um eine augenblickliche Emotion, die sofort bedient werden muss.

Führt man sich nun die Masse an Touchpoints wieder vor Augen, erhält man unzählige Möglichkeiten, die immer größer werdende Lücke zwischen dem Kommunikationsverhalten der Konsumenten und dem der Unternehmen zu schließen. Die oben aufgeführten Zahlen verdeutlichen die Brisanz dieses Themas.

Und so ist „besser spät als nie" keine Option. Schnelles Handeln ist gefragt, damit Content keinen Schaden, sondern vielmehr Gewinn bringt.

Abb. 2.1 Gegenüberstellung eines möglichen Verkaufszyklusses mit potenziellen Kundenuntersuchungen. (Quelle: Petifourt)

Wenn Konsumenten den Content als nicht optimiert empfinden:

- springen 79 % der Nutzer auf eine andere Seite, um ans Ziel zu gelangen
- besitzen mobile Nutzer 5x weniger Toleranz und brechen den Vorgang ab
- werden 52 % der Nutzer aufgrund der schlechten mobilen Experience nicht weiter mit der Marke interagieren (Impact 2017)

Und so ist es im Endeffekt teurer, neue Kunden zu akquirieren, als Bestehende zu halten.

Kunden sind der Grund für die Existenz des Unternehmens
„Erkennen sie ihren Wert!" (Smaby 2011). Markenbindung und -treue hängen zunehmend von der individuellen Customer Experience ab: Nahezu zwei Drittel der deutschen Verbraucher (65 %, Europa: 61 %) sind in erster Linie jenen Marken treu, die das Kundenerlebnis gezielt auf ihre Bedürfnisse und Vorlieben zuschneiden. Mehr als jeder Zweite von ihnen (58 %, Europa: 50 %) würde die gesuchten Produkte daher auch bedenkenlos von einer unbekannten Marke kaufen, wenn sie die bessere Customer Experience bietet (Adobe und Goldsmith 2017).

Nicht also der Adblocker, sondern das menschliche Gehirn wird dem Content gefährlich. Nichts filtert besser und schneller. Innerhalb weniger Sekunden wird nach Nutzen und Relevanz entschieden (Meedia 2017).

Uns ist allen bewusst, dass wir in einer Gesellschaft der ständigen Verfügbarkeit leben, zudem in einem Produktdschungel von faszinierender Schnelllebigkeit. Dies hat natürlich auch Auswirkungen auf unsere Loyalität. Gibt es so etwas wie Loyalität oder Markenliebe noch? Oder müssen Marken diesen Faktor grundsätzlich hinterfragen? Noch nie waren sie gleichzeitig so nah und so weit weg von Kunden. Auf der einen Seite erfahren wir mehr über Konsumenten als je zuvor, auf der anderen Seite schalten sich immer häufiger Intermediäre zwischen Marke und Konsument, wie Amazon, Zalando & Co – die all die Insights über den Kauf der eigenen Marke erfahren.

2.2 Für immer treu? Kundenloyalität im Wandel

Viele Behauptungen gehen dahin, dass Konsumenten mündiger und kritischer geworden sind. Dies liegt zum einen an der Masse der Inhalte mit denen wir konfrontiert werden und die einen Filter im Gehirn unabdingbar machen. Es liegt zum anderen aber auch an der Möglichkeit des Vergleichens, sowie des Ablehnens von gewünschten Inhalten. Aktive Handlungen wie das „Unfollowen", die Nutzung von Adblockern, Ads wegklicken, das Aufräumen also, zeigt dies sehr deutlich.

Die technologische Omnipräsenz erlaubt uns, alles zu tun und zwar wann wir es möchten. Wir interagieren konstant, einerseits persönlich, andererseits auch über unsere technischen Endgeräte. Dies alles verändert den Charakter von Loyalität, die neue Art über unterschiedlichste Kanäle Gespräche und Beziehungen aufzubauen, die Möglichkeit von zielgerichteter Interaktion, die Steigerung des Selbstbewusstseins durch kritisches Hinterfragen und natürlich auch Kritik adressieren zu können, über eine Vielzahl an Kanälen an Marken.

All dies sind die Triebfedern für das sich wandelnde Gesicht der Loyalität.

Adobe und Goldsmith (2017) haben im Rahmen einer Studie vier neue Dimensionen identifiziert, die Marken bei der Gestaltung und Umsetzung von Erlebnissen berücksichtigen sollten, um ihre Kunden zu begeistern, ihre Bedürfnisse zu erfüllen und die Kundenbindung nachhaltig zu fördern. Die vier Parameter für Kundenloyalität:

- „**Give people an Adaptive Experience**" – Kundenloyalität ist eng mit einem ansprechenden Erlebnis verbunden, das auf die spezifischen Bedürfnisse und Anforderungen des Verbrauchers zugeschnitten ist. Marken müssen ihre Kunden kennen und respektieren und ihre Daten so nutzen, dass sie ihnen in der Customer Journey einen klaren Mehrwert bringen.
- „**Be wherever the consumer loves to be**" – Eine Always-on Mentalität ist für die Kundenbindung entscheidend. Die traditionelle Customer Journey wurde durch die digitale Technologie komplett verändert. Aber mit deutlich mehr Convenience für die Kunden. Marken müssen daher für ein konsistentes Kundenerlebnis immer präsent, immer verfügbar und auf jedem Gerät bzw. jeder Plattform vertreten sein.
- „**Help consumers filter choices**" – Marken müssen hervorstechen, wenn sie Aufmerksamkeit erregen und die Kundenbindung stärken wollen. Künstliche Intelligenz kann ihnen dabei helfen, relevante Daten und begeisternden Content zu einem einzigartigen Kundenerlebnis zusammenzuführen, das genau zur richtigen Zeit an die richtige Person ausgeliefert wird.
- „**Differentiate through experiences that surprise and delight consumers**" – Neue Technologien, die den Verbrauchern von heute helfen, ihre Probleme schneller zu lösen oder ihre Bedürfnisse schneller zu erfüllen, heben Marken vom Wettbewerber ab, unterstützen die Kundenloyalität und gewährleisten eine Etablierung als First Mover.

Der Mensch ist ein hyperemotionales Wesen

Genau dieser Punkt fehlt in dem von Goldsmith und Adobe aufgestellten ABC der Kundenloyalität. Es werden Parameter aufgezählt, um Konsumenten zufrieden zu stellen. Die Zufriedenheit sollte für eine Marke aber der selbstverständlichste Anspruch an sich selbst sein. Das Minimum an Leistung.

Eine wirkliche Loyalität entsteht hierdurch allerdings nicht, da es nur eine geringe Aktivierung hervorruft. Wirklich von Bedeutung wird eine Marke, wenn sie emotional berührt.

„People will forget what you said, people will forget what you did, but people will never forget how you made them feel" (Beautifully Said Magazine 2012). Diese Botschaft von Maya Angelou, US-amerikanische Schriftstellerin, könnte nicht besser ausdrücken, wie unglaublich wichtig es auch für Marken ist, emotional und persönlich in Erscheinung zu treten. Der meiste Content wird von Konsumenten gar nicht erst wahrgenommen, weil er in ihm keine Emotion auslöst. Dieses Gefühl von Gleichgültigkeit kann für Marken verheerend sein.

Wir Menschen haben fünf Sinne, die angeregt werden könnten. Nicht nur zwei! Doch auch heute noch verlassen sich viele Unternehmen nur auf die Sinne Sehen und Hören. Marken nicht multisensual zu führen ist ein Fehler. Studien haben gezeigt, dass 75 % aller multisensorisch kommunizierenden Marken stark sind, sie sind „Power Brands" und nicht nur sogenannte Lovebrands.

Denn das Wundervolle an unserer aktuellen Marketingwelt ist, dass wir faszinierende und vielseitige Möglichkeiten haben. Bereits Text und Bild wecken wundervolle Emotionen. Doch mittlerweile stehen uns zahlreiche neue Technologien wie Augmented Reality oder Bots mit personalisierter Ansprache zur Verfügung, um Botschaften zu intensivieren. Wir müssen diese nur nutzen.

Warum das so wichtig ist Marken brauchen Persönlichkeit. Marken mit Charisma faszinieren uns und geben uns Sicherheit. Denn wir verstehen, wofür sie stehen und bieten damit Orientierung. Edeka mit „Wir lieben Lebensmittel" schafft nicht nur automatisch ein positives Grundgefühl, es suggeriert auch, dass Edeka besonders „liebevoll" und pfleglich mit „seinen" Lebensmitteln umgeht und nur das Beste vom Besten anbietet. Oder vergleichen wir Tempo mit Kokett. Während Tempo Emotionen durch Reinheit und Geborgenheit in uns weckt und bereits für das Wort Taschentuch steht, bleiben wir bei Kokett unberührt.

Kunden interagieren mit zahlreichen Marken, entwickeln jedoch nur zu wenigen Marken eine emotionale, intensive Bindung. Die Konsumbereitschaft eines Kunden nimmt mit steigender Qualität und Stärke der individuellen emotionalen Bindung an eine Marke zu. Fehlen Gefallen und Markenpräferenzen, wird die Produktsuche objektiv und nach rationalen Standards durchgeführt. Ist jedoch ein bestimmtes Level der emotionalen Verbundenheit beim Kunden erreicht, ist er bereit, sich für die Marke zu engagieren.

Förster und Nufer nennen in ihrem Beitrag „Lovemarks – emotionale Aufladung von Marken" (Förster und Nufer 2010) hier als Beispiel das Badezimmer. Während das Badezimmer früher schlicht und einfach der Ort war, an dem man sich sauber machte, ist es heute viel mehr: es ist Ihr ganz persönliches Spa, ein Ort des Wohlfühlens, der Entspannung, der Intimität. Es ist der Ort, an dem Sie ganz Sie selbst sein können. An eine solche Aufladung von Emotionen können Marken sehr gut anknüpfen.

Angesichts der enormen Chance, neue Werte zu schaffen, sollten Unternehmen emotionale Verbindungen als fundierte Strategie verfolgen. Aber für die meisten ist der Aufbau dieser emotionalen Verbindung mehr eine Vermutung als tatsächliches Wissen. Es ist schwierig, konkrete Ergebnisse zu erheben, um zu prüfen, welche Bemühungen und Aktionen zu einem für die Marke positiven Ergebnis geführt haben und welche Maßnahmen ineffizient geblieben sind. Meistens ist es nur eine Ahnung. Es sollte aber unbedingt darin investiert werden, zumindest eine annähernd valide Aussage darüber zu erhalten, welche Emotion die eigene Marke bei der jeweiligen Zielgruppe genau berührt. Denn nur so kann zielgerichtet gearbeitet und ein effektives Content-Marketing betrieben werden.

Forrester Research (Parrish 2017) untersuchte in einer über drei Jahre angelegten Analyse den deutschen, französischen sowie britischen Markt (2015, 2016 und 2017). In diesem Report wurde folgende Aussage getroffen, die mich recht erschrocken hat: In Deutschland gibt es nicht ein einziges Unternehmen, das als Leuchtfeuer heraussticht, wenn es um brillante Customer Experience geht, die andere inspirieren könnte.

Angesichts der Tatsache, dass deutsche Marken heute zum Teil immer noch ausschließlich mit soziodemografischen Daten ihrer Zielgruppe arbeiten, ist diese Aussage dann auch nicht mehr verwunderlich.

Seid nicht kundenzentriert – seid kundenbesessen!
Mit Emotion anstatt nur mit Zufriedenheit zu arbeiten, bedeutet Zielgruppen als Menschen zu verstehen. Es gibt einige Marken, die bereits erfolgreich mit Design- sowie Marketing-Personas arbeiten und diese auch vorbildlich „vermenschlichen" sowie ins Team integrieren. Jeder kennt die Personas, wie „Paul, Mona und Gert". Jeder weiß, was sie denken, fühlen und brauchen. Aber die meisten Unternehmen tun dies noch nicht. Sehr viele arbeiten mit klassischen Zielgruppenanalysen.

Es gab Momente, da bekam ich als Stratege das Gefühl, dass es gewisse Zielgruppen gerade wie auf einem Basar zum Sonderpreis gab. So setzten einige Unternehmen vor einigen Jahren auf die coole, junge, moderne und urbane Hipsterzielgruppe, DIY-Lover, Selbstverwirklicher und Individualisten. Es wurde außer Acht gelassen, wie man als Marke tatsächlich wahrgenommen wurde. Es fehlte die grundlegendste Frage, nämlich wie die eigene Unternehmenszielgruppe wirklich aussieht. Demnach wurde die eigentliche Zielgruppe häufig nicht kontinuierlich genug beobachtet, um stetig neue Erkenntnisse über die eigenen Konsumenten zu erlangen.

Auch aus diesem Grund haben wir aktuell im Content-Bereich meist langweiligen Einheitsbrei. Hipster Bärte, Achtsamkeitsthemen und die ständigen Rufe nach „Sei du selbst", „Unrush your world", „Don´t be a maybe", „Be yourself", „Create your own luck" …

Wer gerne einmal in hoch personalisierten, zielgruppenspezifischen Content einsteigen möchte, dem kann ich nur das Video hinter diesem QR-Code empfehlen:

Die Gesellschaft obliegt einem stetigen Wandel und doch reagieren wir Menschen auf tiefsitzende Auslöser, die uns durch Erziehung und andere äußere Einflüsse, wie zum Beispiel Gespräche und Medienberichte geprägt haben. So haben etwa unsere Eltern, unsere Familienangehörigen, Freunde und Bekannten, Arbeitskollegen und auch Fremde einen großen Einfluss auf unsere Entwicklung als Individuum. Aus dieser Vielzahl von externen Eindrücken entsteht ein eigener Moral- und Wertekodex, der bei jeder Person individuell ausgeprägt ist.

Aus der kollektiven Norm- und Wertelage der Gesellschaft definiert jedes Individuum für sich einen persönlichen Wertekanon, der wiederum neben vielen anderen Faktoren das Kaufverhalten der Person bestimmt (Anderson 2013) und ihr als moralischer Kompass dient (Hitlin und Pilavin 2004).

Kaufentscheidungen werden überwiegend habitualisiert getroffen. Das bedeutet, dass Konsumenten nach einer anfänglichen Informationssuche bevorzugt etablierte Verhaltensmuster nutzen und ihre Einkäufe in der Mehrzahl auf wenige Anbieter und Produkte je Kategorie beschränken (Samulewicz 2016).

Studien aus dem Bereich der Technologieakzeptanz deuten darüber hinaus darauf hin, dass Konsumenten es als Risiko oder den Verlust von sozialem Status wahrnehmen, wenn sie ein Produkt kaufen oder nutzen, das sozial nicht akzeptiert wird (Featherman und Pavlou 2003). Es bleibt daher festzustellen, inwiefern Gruppeneffekte die Reaktion auf disruptive Produktkonzepte beeinflussen können. Konsumenten gleichen besonders bei Unsicherheit ihre Erfahrungen mit anderen Personen ab, um die gefühlte Unsicherheit beim Kauf bereits im Vorfeld zu reduzieren. Die gemeinsame Evaluation von Produktideen könnte in diesem Zusammenhang die Akzeptanz einer Innovation erhöhen oder verringern, je nachdem, wie das Urteil der Referenzgruppe ausfällt. Dieser Effekt des Gruppendrucks (Santor et al. 2000) kann durch etablierte qualitative Erhebungsformen nur unmittelbar erhoben werden.

All dies zeigt noch einmal sehr deutlich, dass Zielgruppen mehr als nur soziodemographische Zahlen sind und dass es sich lohnt, iterative Prozesse aufzubauen, um kontinuierlich zuzuhören.

2.3 Zurück in die Zukunft? Storytelling

Betrachten wir also den hinterfragenden und nach Emotion strebenden Konsumenten, die unterschiedlichsten Plattformen auf denen er Kommunikation mit Marken stattfinden lassen kann sowie die facettenreichen Formate wie Text-Post, Bot, Voice Interfaces, AR, VR & Co. Es stellt sich nun die Frage, ob dessen Fundament, nämlich das Storytelling neu erfunden werden muss, damit es seinen Erfolg entfalten kann? Oder gelten auch heute noch herkömmliche Erfolgsrezepte?

Storytelling, also die Fähigkeit zielführende Geschichten über das Unternehmen zu erzählen, ist kein Coup des Marketings, sondern etwas, das die Menschheit seit Jahrtausenden recht erfolgreich betreibt. Der Schriftsteller Yuval Harari beginnt in seinem Buch „Eine kurze Geschichte der Menschheit" ganz wunderbar mit der amüsanten Frage, was sich die Evolution eigentlich dabei dachte, uns Menschen mit einem solch großen Gehirn zu versehen. Selbst im Ruhezustand verbrauche es 20–30 % der Energie des Körpers, raube kostbaren Platz für mehr Muskelmasse und ließ „uns" etliche Jahre am Ende der Nahrungskette Platz nehmen (Harari 2015).

Bis zu dem Zeitpunkt der kognitiven Revolution an dem sich die fiktive Sprache entwickelte. In diesem Schritt unserer Evolution wird deutlich, wie mächtig das Erfinden von Geschichten ist. Eine Gruppe von 15–20 Personen kann allein durch starke Führung zusammengehalten werden. Werden es aber mehr Menschen, wird es irgendwann schwierig. Durch fiktive Sprache aber konnten kulturübergreifende Rahmen geschaffen werden. Durch das erfundene Wort konnten moralische Regeln „erfunden" wie auch implementiert werden, Gesetze geltend gemacht oder durch kreierte Zahlensysteme eine Wirtschaft aufgebaut werden. Oder anders: Städte funktionieren seitdem u. a. durch Verkehrsordnungen und Eigentumsverträge.

Was uns damals evolutionstheoretisch einen großen Schritt nach vorne brachte, passierte jüngst erneut durch den digitalen Wandel. Ein Großteil unserer Aktivitäten im Netz ist von Gesprächen geprägt: Über eine Milliarde Menschen nutzen den Facebook Messenger (Allfacebook 2018), WhatsApp nicht minder viele. Slacks Nutzerbasis ist ebenso explodiert und auch andere Vertreter wie Skype oder Yammer können sich nicht über zu wenige Benutzer beklagen.

Auch im mobilen Bereich sind es stets die Sprachassistenten, welche die größte Aufmerksamkeit erhalten, und mit Alexa von Amazon konnte sich sogar ein Sprachassistent mitten in unseren Wohnzimmern etablieren.

All den genannten Diensten und Geräten ist eines gemeinsam: Sie basieren auf Kommunikation im Stile einer Konversation. Und die Konversation ist das, was es uns Menschen ermöglicht, mit anderen zu kommunizieren.

Einem jedem Marketeer ist bewusst, dass wir uns in Zeiten disruptiver Technologien befinden und dass eine neue Dimension der Konsumentenzentrierung herrschen muss. Und dies natürlich auch das Storytelling und dessen Umsetzung beeinflusst.

Doch wie sehr gilt es tatsächlich, neue Mechaniken an den Tag zu legen? Funktionieren Effekte wie „Mere Exposure", also der Effekt der Darbietungshäufigkeit tatsächlich nicht mehr? Das Prinzip „Je öfter, desto lieber", also der totalen Penetranz auf allen Kanälen, ist meines Erachtens in Zeiten des puren Content-Schocks sinnfrei. Wir als Konsumenten sind ohnehin schon überdrüssig geworden. In Zeiten von spannenden Technologien und kreativen Möglichkeiten sowie einer Vielzahl an Kontaktpunkten, darf man mehr erwarten, als das große Hinausposaunen von Markenbotschaften.

Und so wird er größer und größer … der Graben
All dies gilt es sich immer wieder vor Augen zu führen. Denn es wird nie wieder ruhiges Fahrwasser geben. Immer wieder wird aus ungeahnten Richtungen das Wasser aufgewühlt. Die Frage ist nur, ob die Unternehmen und Marken diese Wellen aushalten, zum schnelleren Segeln verwenden und damit notwendige Anforderungen erfüllen können.

Denn eines ist sicher: Da glaubt man sich im ruhigen Fahrwasser und ist digital gut aufgestellt, da kommt bereits mit rasanten Schritte eine neue Generation mit ungeahnter Kaufkraft daher. Eine, die mit digitalen Medien aufgewachsen ist. Eine, für die Benutzerfreundlichkeit,

Customer Experience und vor allem Zugriff eine vollkommene Selbstverständlichkeit ist. Die Generation Z.

Folgende Zahlen aus der IBM-Marketing-Studie zur Generation Z (IBM 2017) zeichnen ein interessantes Bild:

- 73 % nutzen das Smartphone hauptsächlich um mit Freunden und Familie zu chatten und die Bereitschaft ist groß, die direkte Kommunikation mit Brands zu verstärken.
- 36 % würden für eine Brand selbst Inhalte erstellen wollen – Stichwort: User Generated Content
- 42 % würden im Online-Game einer Brand mitspielen
- 43 % würden bei qualitätssichernden Online-Produkttests mitmachen
- 62 % würden keine schwierig zu bedienende App oder Website benutzen, die Usability ist hier also ausschlaggebend.
- 60 % der befragten Teilnehmer sind bei langen Ladezeiten ungehalten
- Weniger als 30 % der Befragten würden persönliche Daten über Gesundheit und Wellness, Aufenthaltsort oder das Privatleben teilen wollen.
- 61 % würden sich beim Teilen von persönlichen Informationen sicherer fühlen, wenn sie genau wüssten, dass die Informationen sicher aufbewahrt werden.

„Generation Z expects technology to be intuitive, relevant and engaging – their last great experience is their new expectation" (IBM 2017).

Warum Marken diese Dimension nicht ignorieren können
All diese Herausforderungen kann Content allein natürlich nicht meistern. Er ist kein Marketing-Allheilmittel und wird nicht die Lösung aller Unternehmensprobleme sein. Content, so klein und unscheinbar es klingt, ist aber in der Lage sehr viel mehr zu tun als nur Markenmonologe herauszuschreien. Und wenn ohnehin Marketingbudgets investiert werden, dann kann das auch für Content-Maßnahmen sein, aus denen Marken mehr Profit ziehen könnten als aus ihren bisherigen Marketingaktivitäten.

Content ist nur so stark, wie der Service dahinter. Sprich: Customer Experience ohne guten Content funktioniert genauso wenig wie Content ohne smarte Customer Experience.

78 % der Verbraucher haben eine Aktivität abgebrochen oder einen beabsichtigten Kauf nicht getätigt – aufgrund eines schlechten Serviceerlebnisses (American Express Survey 2011). UX Writing (UX = User Experience) ist nicht umsonst in aller Munde, denn jeder kleinste Mikromoment kann entscheidend sein. Content aufzusetzen, heißt in Sekundenbruchteilen Konsumenten glücklich zu machen oder für Frustration zu sorgen.

Organisationen mit „Tools zur Nutzung von Daten zum Entwickeln überzeugender, personalisierter Echtzeit-Erlebnisse" übertrafen im Vergleich zu ihren Mitbewerbern ihre Geschäftsziele für 2017 mit 50 % höherer Wahrscheinlichkeit (Adobe und Econsultancy 2018).

Wenn das Thema Kundenerlebnis so stark fokussiert wird, kommt man an gutem Content nicht vorbei. Denn Content ist die Schnittstelle zum Kunden. Und eine solche Schnittstelle kann unglaublich facettenreich sein, wenn Design, Kreativität und Daten eine formvollendete Mélange ergeben. Wie ein mögliches Zusammenspiel verlaufen kann, zeigt beispielhaft Abb. 2.2. Die Skizze zeigt eine agile sowie fortlaufende Variante der Content-Produktion. In einem permanenten Loop werden Hypothesen und Annahmen aufgestellt, darauf aufbauend Content produziert und distribuiert sowie nachfolgend nach definiertem Erfolg validiert. Diese Methode zeichnet sich durch hohe Effizienz aus, da wichtige Hypothesen binnen kurzer Zeit validiert oder auch revidiert werden.

Also einfach mal aus gewohnten Mustern ausbrechen: Statt immense Budgets in konservative Redaktionsplanung à 5 Postings die Woche zu investieren, lieber überlegen, was wirklich von der Zielgruppe wahrgenommen werden soll.

Die Anforderungen sind zu hoch und die Möglichkeiten zu ertragreich, um den unterschiedlichen Unternehmensabteilungen „nur" klassische Social-Redaktion anzuvertrauen.

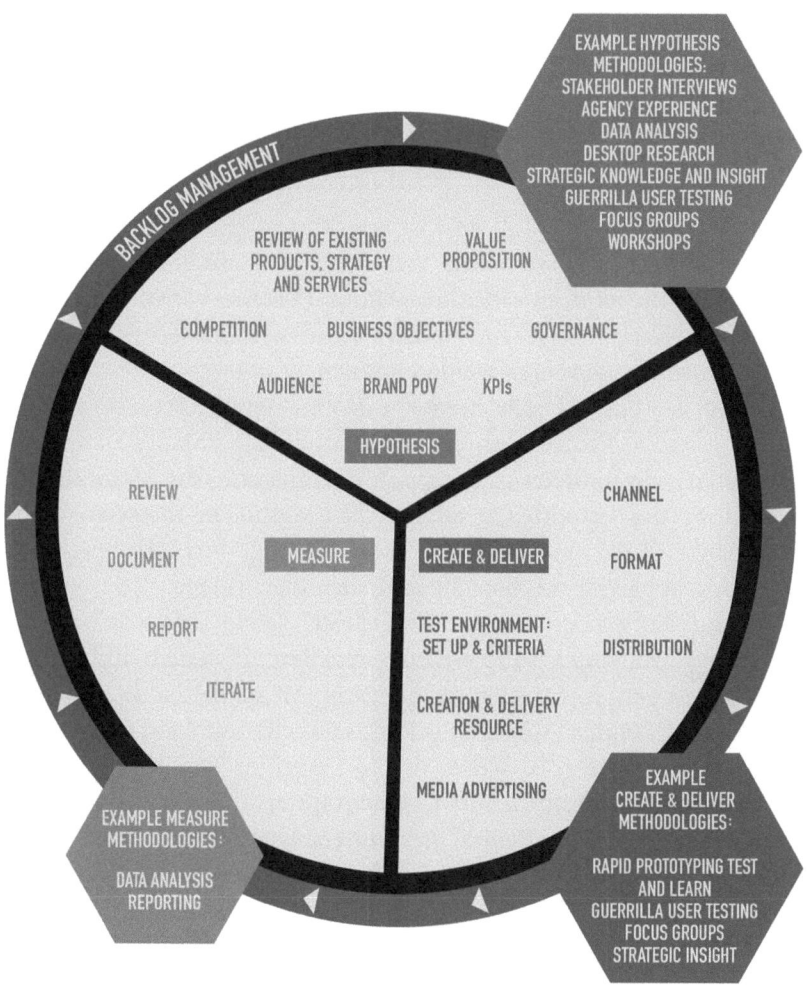

Abb. 2.2 Prozess einer agilen Content-Produktion. (Quelle: Petifourt)

> **Wichtig**
>
> Hört also auf, digitalen Content zu produzieren.
> Produziert Content für eine digital lebende Welt!

Der in der Grafik (Abb. 2.2) anskizzierte Prozess einer agilen Content-Produktion, lässt sich vor allem von Agenturen gut umsetzen, deren Kunden schnelle und entscheidungsfähige Prozesse bereits implementiert haben. Kap. 3 zeigt auf, welche Arbeitsweisen, Strukturen und Prozesse hierfür angewendet werden können.

Wichtig ist, dass es sich hierbei um eine kontinuierliche Abfolge handelt. Iterative Prozesse unterstützen dabei, die anfangs definierten Hypothesen zu validieren und ggf. zu optimieren. Die Methodik zur Entwicklung der Hypothesen reicht von Stakeholder-Interviews, über Datenanalyse, Desktop-Recherche, User Testing, Fokusgruppen oder Workshops, abhängig von dem zu analysierenden Thema.

Während der Phasen „Create & Deliver" sowie „Measure" werden diese ersten Annahmen validiert oder revidiert. In jedem Fall werden sie mit Leben gefüllt. Da hier der Umgang mit schnell aufkommenden und neu entstehenden Aufgaben gelernt sein will, sollte ein sogenanntes Backlog-System, wie z. B. Trello, das von Agentur und Kunde parallel verwendet wird, im Aufgabenmanagement unterstützen.

Das Strategierad auf dem Chart unterstützt bei der Priorisierung und bei der richtigen Fragestellung. Eine solch essenzielle Denkweise ist wichtig, um sich nicht in der Masse zu verlieren. Es gilt nicht alles zu erzählen, sondern das Wesentliche, das in Erinnerung bleiben kann. Konzentrieren Sie sich auf das Wichtigste für die „Experience" Ihrer Kunden und den Erfolg Ihres Unternehmens.

Dies hat zur Folge, dass der hier dargestellte Kreislauf nicht nur eine permanente Optimierungs- und Lernmechanik gewährleistet, sondern entsprechend auch eine Budgettransparenz. Eine zeitnahe Kontrolle und Nachjustierung der Budgets ist entsprechend möglich.

Eine solch iterative Mechanik unterstützt die Entscheidungsfindung, die zeitnah erfolgen muss, sowie den Prozess, sich auf Neues einzulassen, da Bedürfnisse der Konsumenten schneller in Erscheinung treten werden. Marken können passgenaue Mehrwerte in Echtzeit entwickeln, welche dann wiederum interessante Insights hervorbringen.

> **Ihr Transfer in die Praxis**
> - Prüfen Sie Ihren Unternehmensauftritt unbedingt hinsichtlich der Mobile-Freundlichkeit – schlechte Performance auf Smartphones ist ein Killer.
> - Analysieren Sie, was es Sie kostet, neue Kunden zu gewinnen und was es Sie kostet, bestehende Kunden zu behalten.
> - Auch wenn Sie denken, Sie sind digital gut aufgestellt: Sind Sie auch wirklich für die nächsten zehn Jahre gerüstet und agil genug, um auf neue Strömungen und Zielgruppen zu reagieren?
> - Prüfen Sie, ob Ihre Kommunikation Konversationscharakter hat, ob Ihr Unternehmen attraktive Storys erzählt und wie das bei Ihrer Zielgruppe ankommt.
> - Messen Sie Ihre Maßnahmen lückenlos und seien Sie immer agil genug, um nachzujustieren.

Literatur

Adobe und Econsultancy. (2018). „Digital Intelligence Brief". https://wwwimages2.adobe.com/content/dam/acom/au/landing/DT18/Econsultancy-2018-Digital-Trends.pdf. (S. 6). Zugegrriffen: 20. Aug. 2018.

Adobe & Goldsmith. (2017). Reinventing loyalty report. https://blogs.adobe.com/digitaleurope/files/2017/09/Adobe-Goldsmiths-Reinventing-Loyalty-Report4.pdf. Zugegriffen: 17. Aug. 2018.

Allfacebook. (2018). https://allfacebook.de/toll/state-of-facebook. Zugegriffen: 02. Mai 2018.

American Express Survey. (2011). http://ir.americanexpress.com/Cache/12769147.PDF?O=PDF&T=&Y=&D=&FID=12769147&iid=102700. Zugegriffen: 21. Juli 2018.

Anderson, J. R. (2013). Kognitive Psychologie.

Beautifully Said Magazine. (04. August 2012). A conversation with Dr. Maya Angelou. http://beautifullysmagazine.com/201207feature-of-the-month-3/. Zugegriffen: 17. Sept. 2018.

Buzzsumo. (2018). How facebook algorithms reduced reach and referrals, and why quality content will win. https://buzzsumo.com/blog/how-facebook-algorithms-reduced-reach-and-referrals-and-why-quality-content-will-win/. Zugegriffen: 01. Aug. 2018.

Darcy, A. Santor, D. M., & Vivek, K. (2000). Measuring peer pressure, popularity, and conformity in adolescent boys and girls: Predicting school performance, sexual attitudes, and substance abuse. *Journal of Youth and Adolescence, 29*(2), 163–182.

Featherman. M. S., & Pavlou, P. A. (2003). „Predicting E-Services Adoption: A perceived risk facets perspective". *International Journal of Human-Computer Studies, 59*(4), 451–474.

Google. (2018). „Moments–that–Matter are multiplying – are you ready for the future of marketing?". Think with Google. https://www.thinkwithgoogle.com/intl/en-gb/advertising-channels/mobile/future-of-marketing-machine-learning-moments-that-matter/. Zugegriffen: 05. Mai 2018.

Harari, Yuval. (2015). *Eine kurze Geschichte der Menschheit.* München: Pantheon Verlag.

Hitlin und Pilavin. (2004). Values: Reviving a Dormant Concept. *Annual Review of Sociology, 30,*359.

IBM. (2017). Uniquely Generation Z. https://www-935.ibm.com/services/us/gbs/thoughtleadership/uniquelygenz/. Zugegriffen: 17. Aug. 2018.

Impact. (2017). https://www.impactbnd.com/blog/user-experience-stats-infographic. Zugegriffen: 03. Febr. 2018.

Meedia. (2017). http://meedia.de/2017/09/28/nutzer-nehmen-keine-werbung-mehr-wahr-sind-kosmetisch-veraenderte-werbemittel-eine-moegliche-loesung/. Zugegriffen: 24. Nov. 2017.

Newell Legner, R. (2016). Understanding Customer 2016.

Nufer, G., & Förster, O. (2010). *Lovemarks – emotionale Aufladung von Marken, Reutlinger Diskussionsbeitrag zu Marketing & Management 2010–2* (S. 3). ESB Business School: Reutlingen University.

Pagefair. (2017). Adblock Report 2017. https://pagefair.com/blog/2017/adblockreport/. Zugegriffen: 01. Aug. 2018.

Parrish, R. (2017). The US Customer Experience Index For 2017: CX Quality Worsened. https://go.forrester.com/blogs/the-us-customer-experience-index-for-2017-cx-quality-worsened/. Zugegriffen: 20. Aug. 2018.

Samulewicz, C. (2016). Dissertation *„Der Widerstand von Konsumenten gegenüber disruptiven Innovationen im FMCG-Markt".* TU Dortmund.

Smaby, K. (2011). Being human is good business. http://www.kristinsmaby.com/. Zugegriffen: 20. Aug. 2018.

Temkin Group. (2018). Report „The State of CX Management". https://temkingroup.com/product/state-cx-management-2018/. Zugegriffen: 01. Aug. 2018.

3

Content als Währung begreifen

> **Was Sie aus diesem Kapitel mitnehmen**
> - Welchen fantastischen Mehrwert und Service guter Content entfalten kann
> - Was Emotionen, technische Innovationen oder Daten bewirken können.
> - Dass Sie immer festlegen sollten, was Ihre Kunden an bestimmten Punkten – Touchpoints – mit Ihrem Unternehmen erleben sollen.
> - Welche Unternehmen das gut umgesetzt haben.

Content sollte mehr als nur eine oberflächliche Wahrnehmung erschaffen. Statt nur eine kurzfristige „Störung" zu sein, kann mit Mehrwert und Service langfristige Erinnerung geschaffen werden. Geben Sie Konsumenten die Chance, Ihre Marke richtig kennenzulernen. In Zeiten, in denen Produkte austauschbar werden und Wettbewerb aus ungeahnten Richtungen auftauchen kann, ist Content Experience ein entscheidender Wettbewerbsvorteil. Emotionale Kundenbindung, User Research oder Trendspotting – das kann gut konzipierter Content.

Ich liebe den Satz, den ich kürzlich in einem Artikel las: „Schreien ist noch kein Markenprofil" (Brandtrust 2014). Wahre Worte. Also raus aus dem Markenmonolog, rein in die Erlebnisse – es gibt zu viele Möglichkeiten, um sie alle nicht in Betracht zu ziehen!

Wir sprechen in diesem Buch immer darüber, welch fantastische Mehrwerte und Potenziale Content entfalten kann – in diesem Kapitel lassen wir uns nun von vielen guten Beispielen inspirieren.

3.1 Die magische Welt der Daten

Starten wir mit ein bisschen Magie und Fantasie. Walt Disney hat uns als Kinder in seinen Bann gezogen. Das Imperium aus Zauberern, Prinzessinnen, verwunschenen Tieren und bösen Stiefmüttern ist aber alles andere als ein Selbstläufer. Auch sogenannte Lovebrands, mit vermeintlich bedingungsloser Kundenloyalität, arbeiten kontinuierlich an deren Optimierung.

Customer Experience wurde bei Walt Disney schon groß geschrieben, als der Begriff noch erfunden werden musste. Das Prinzip jedoch ist immer wieder das gleiche. Egal, ob Menschen in einer langen Schlange auf die nächste Attraktion warten müssen, oder den Weg zur Onlinebuchung wählen, die Experience ist in zauberhafter Walt-Disney-Manier konzipiert.

Ein perfektes Beispiel also, wie Online und Offline verschmelzen. Es geht nicht darum wo sich der Kunde befindet, sondern darum, was er in dieser Zeit oder Situation erleben soll.

Bruce Jones, Senior Programming Director bei Walt Disney bezeichnet CX als „Game Changer". Ein fantastisches Produkt auf den Markt zu bringen, genüge schon lange nicht mehr. Denn um sich entscheidend vom Wettbewerb abzusetzen, kommt eine kontinuierlich brillante CX ins Spiel (Harvard Business Review 2018b).

Nun könnte man sagen, dass es gerade für Disney ein Kinderspiel sei, Kunden an einem der zauberbehaftetsten Flecken der Erde glücklich zu machen. Und das mag im Vergleich zu Branchen wie Versicherungen oder Finanzen zutreffen. Doch gerade auf dem Level der Attraktionen ist der Wettbewerb enorm und entwickelt sich rasant. Wie also gelingt es Disney, permanent „Magie" zu versprühen?

Das Unternehmen scheint schnelle Entscheidungsprozesse generiert zu haben. Der Nutzen neuer Technologien wird schnell erkannt und umgesetzt. Bereits 2013 kündigte Tom Stagges, Chief Operator

Officer von Walt Disney den Launch des Magic Bands im Rahmen der MyMagic+Experience an. Nur zum Vergleich: Disneys Hauptwettbewerber in Sachen Themenpark, Universal Orlando, brachte mit dem TapuTapu-System erst 2016 ein ähnliches Equivalent heraus (Universal Orlando 2016).

Das Wearable „MagicBand" funktioniert per RFID und bildet den zentralen Part der MyMagic+Experience. Kunden sollen im Disneypark der Realität entfliehen und eine magische Zeit verbringen. Dinge wie Ticket buchen, Parkplatz suchen, lange in der Schlange stehen oder immer wieder das Portemonnaie zu zücken, reißen uns aus diesen magischen Momenten heraus.

Die Lösung des MagicBands ist ein genialer Schachzug. Nicht nur vereinfacht es das Leben der Konsumenten enorm. Es kreiert auch auf faszinierende Weise überall Content. Denn allein der Style des Produkts (stammt von der Agentur Frog Design) und die gewählte Verpackung machen den Moment, in dem es nach Hause geliefert wird zu einem Erlebnis, sodass zahlreiche Unboxing-Videos (bezeichnet das Filmen und Verbreiten des Moments, in dem Produkte aus seiner Verpackung entnommen wird) entstanden.

Registriert wird sich ganz bequem von zu Hause. Gerade für Familien eine große Erleichterung. Dank der Registrierung, begrüßt Walt Disney an den eigenen Toren alle Kunden persönlich mit deren Namen.

Das MagicBand fungiert nicht nur als Hotelzimmerschlüssel, sondern auch als alternative Zahlungsmethode und als Fotoalbum.

Um den Kreislauf zu schließen, verwendet Disney „Listening Posts", um das Kundenerlebnis zu bewerten und festzustellen, welche Bereiche verbessert werden müssen.

Disney gelingt es, Daten in gewinnbringende Insights umzuwandeln und diese wiederum in eine wertvolle Content Experience umzusetzen. Diese wiederum kann genutzt werden, um Lücken im Kundenservice oder in Bereichen zu füllen, in denen die oben genannte „Magie" fehlt.

Als z. B. klar wurde, dass Kunden das Band gerne als Erinnerung behielten, reagierte Disney sofort und entwickelte weitere Designs sowie verschiedene Accessoires (Business Insider 2015).

Eines scheint sicher, wenn eine Marke es versteht den Kunden überall glücklich zu machen, dann ist es Disney!

Wer sich diesen Coup einmal genauer ansehen möchte – bitte diesen QR-Code scannen:

3.2 Content ohne Grenzen

Über profilstarke Marken und ihre Erfolge sowie über den Menschen als hyperemotionales Wesen lasen Sie bereits auf den vorherigen Seiten. Es sind meist Marken, die dieses Profil mit allen Sinnen schärfen und sich nicht nur auf Hören und Sehen fokussieren.

Es sind Marken wie Adidas, Amazon, Samsung, Coca-Cola, Edeka und BMW, die mit multisensorischem Marketing gewinnen und ihren Kunden ein klares Bild davon vermitteln, wofür sie stehen. Sie haben Charisma und geben den Verbrauchern Vertrauen und Sicherheit in einer Welt mit austauschbaren Produkten.

Rezepte zum Auslegen
Ein weiteres Beispiel für gelungenes Content-Marketing: Fast jeder kennt den Geschmack von Köttbullar. Ikea weiß wie kaum ein anderes Unternehmen, was der Konsument braucht, noch bevor dieser sich dessen bewusst ist.

Neben vielen anderen fantastischen Kampagnen, war ein unglaublich charmanter Coup die Aktion „Cook that Page" aus 2017. Ikea bewies Fingerspitzengefühl und vereinfachte das Leben der Konsumenten mit einfachsten Mitteln: Rezept-Poster (aus Backpapier) ausrollen, Zutaten auf die vorgezeichneten Stellen legen, zusammenrollen und im Ofen garen – fertig ist die Mahlzeit! Manche Ideen sind so simpel, wie genial. Hier sehen Sie einen Film dazu:

Viele Branchen, auch Retail (Einzelhandel) sind von weitreichenden Umbrüchen betroffen und müssen sich teilweise völlig neu erfinden. Davon zeugen auch neue strategische Ausrichtungen und Unternehmensaufstellungen, wie etwa bei Rewe digital oder Obi Next.

Der reine Verkauf von Produkten kann nicht mehr alleine im Mittelpunkt stehen. Die Stores der Zukunft unterscheiden nicht mehr zwischen on- und offline. Und sie leben von haptischen, gustatorischen und olfaktorischen Erlebnissen (Zukunftsinstitut 2017).

Selbst in Zeiten von Onlineshopping, wo zunächst alles im Netz recherchiert wird, gehen die Menschen gerne vor die Tür und genießen haptische Erlebnisse, das belegen auch die Zahlen zur Generation Z (siehe Kap. 2). Genauso gilt: Wenn ein besonderes Erlebnis lockt, kommen die Menschen. Es muss sich also lohnen, in den Store zu kommen.

„Kreative Erfahrungsstätten im Großen und Kleinen, die nur von Menschen für Menschen geschaffen werden und die zugleich durch die Analyse der Kundendaten die passenden Services und Produkte parat haben" locken Menschen an (Zukunftsinstitut 2017).

Gerade hier wird die Gewinnung von wertvollen Kunden-Insights spannend, um eine nahtlose Kundenbetrachtung über off- und online zu gewährleisten.

Footlocker im Stil eines modernen Museums
In den USA ist das Schuhgeschäft Footlocker meist in großen Malls zu finden, nebst zahlreichen Wettbewerbern. Footlocker muss es also gelingen, die Kunden so zu verführen, dass sie nicht bei der Konkurrenz vorbeischauen, sondern direkt in die Footlocker-Stores kommen.

Die Lösung: Footlocker inszeniert die Geschäfte. Sie sind – zumindest in den USA – multisensorische Museen. Hier präsentieren sich die Sneaker auf Podesten und an Wänden wie Kunstwerke.

Was wäre, wenn einem beim Betreten des Ladens Kevin Durant (US-amerikanischer Basketballspieler) oder der legendäre Designer Tinker Hatfield persönlich etwas über den Schuh ins Ohr flüstern? Das ist, durch eine konzipierte Audiotour in 300 Footlocker-Shops, möglich.

Am Eingang des Stores macht eine Push-Nachricht auf die Audiotour aufmerksam. Hinter den Schuhen mit dem höchsten Kultfaktor befinden sich die Codes, um das Audioprogramm abspielen zu können (Adweek 2016). Eine wunderbare und nahtlose Content Experience – on- und offline.

Olfaktorischer Touchpoint
Auch Singapore Airlines aktiviert alle Sinne. Die Reize sind gut aufeinander abgestimmt und ganzheitlich. Angefangen beim berühmten Singapore Girl – den Stewardessen mit sehr ähnlicher Statur, identischer Kleidung und identischem Make-up – bis hin zu ausgefeilten Geruchs- und Aromaelementen, wie dem Parfum der Crew, dem Duft der Hot Towels oder dem Aroma der Luftspender in den Kabinen. Diesem Unternehmen gelingt es, an den unterschiedlichsten Touchpoints Spitzenleistungen ihrer Marke für den Kunden mit allen Sinnen erlebbar zu machen. Dadurch entsteht ein intensiveres Erleben, das abgrenzt und im Gedächtnis bleibt. Zwar kann Content diese Experience nicht in voller Gänze abbilden, aber mit Raffinesse und Verwendung der richtigen Technologie kann auch digital das Erlebnis erweitert werden.

Abercrombie&Fitch hingegen übertrieb es eventuell etwas mit seinem „Brand Smell". Das amerikanische Modelabel blies seinen Duft über eine spezielle Belüftungsanlage in den Laden und raus auf die Straßen. Abercrombie&Fitch ging dabei so aggressiv vor, dass der Duft selbst 70 m weiter zu riechen war. Die Stadt München ließ dieses rücksichtslose Verhalten rechtlich unterbinden. Einen Duft zu kreieren, der die Identität einer Marke auch für die Nase erlebbar macht, ist sicherlich eine sinnvolle und auch wirkungsvolle Methode für viele Unternehmen. Ein solcher Duft kann beispielsweise am POS, auf dem Briefpapier, in den Stores oder am Produkt selbst Anwendung finden.

Olfaktorisches Marketing wurde schon mehrfach in der Fachliteratur besprochen. Eine Empfehlung von mir ist das Buch von Hanns Matt und Regine Dee mit dem Titel „Das Maiglöckchen-Phänomen".

Buzzfeed löst on- und offline auf
Geruchsintensiv geht es auch beim Essen zu. Das Thema Kochen ist natürlich ein Fest für alle Sinne. Im nachfolgenden Beispiel geht es allerdings mehr um das Verschmelzen von Off- und Onlinewelt, nämlich darum, wie ein digitales Unternehmen offline Mehrwerte kreiert.

Ein überraschend guter Coup gelang 2017 dem beliebten Medienportal Buzzfeed. Die eigene Tasty-Seite (tasty.co) des Portals bündelt zahlreiche fantastische virale Food-Videos. Warum also nicht ein Produkt entwickeln, dass nicht nur den Content für Konsumenten filtert, sondern gleichzeitig noch mehr Content entstehen lässt. Und so wurde die smarte Technologie der *Hotplate* entwickelt (The Verge 2017).

Die Anwendung synchronisiert sich durch Bluetooth über das persönliche Device mit den unzähligen viralen Food-Videos. Das Produkt ist überraschend simpel gehalten und wird mit exakt drei Knöpfen bedient. Zwei zur Temperaturregelung und ein An- und Ausschaltknopf. Alles Weitere wird über die App gelöst. Der Content, in dem Fall die Rezepte, wurden so modular aufgebaut, dass die Nutzer Schritt für Schritt durch die Rezepte geleitet werden. Allerdings kann auch alles manuell gesteuert werden, falls der Konsument „kreativer" zu kochen wünscht.

Und ganz nebenbei bedachte die Produktentwicklung noch das Erscheinungsbild, das darauf ausgerichtet ist, die zu kochenden Rezepte ansprechend aussehen zu lassen.

Nicht nur wurde es den Nutzern noch einfacher gemacht die Rezepte nachzukochen, Buzzfeed entwickelte aus erfolgreichem Content eine Technologie, die es ermöglichte, noch mehr über das Verhalten der Konsumenten zu lernen, um daraus weitere Optimierungen und Innovationen zu entwickeln. Hier erfahren Sie mehr:

Emotional Decoding

So wie Loewe: Die spanische Modemarke nutzt Sensorik allerdings etwas differenzierter. Sie verwendete im Store die Methode des „Emotional Decoding" und liest mithilfe von Multisensorik den Kunden die Bedürfnisse quasi von der Nasenspitze ab (Eurocis 2017). Den smarten Sensoren gelang es, die Stimmungen zu erfassen und auszuwerten. Diese wurden auf drei Ebenen gemessen:

1. Durch die Bewegungen der Kunden wurden Stimmungen und Emotionen enthüllt.
2. Der Gesichtsausdruck wiederum schloss auf Präferenzen und Interessen, in Bezug auf das Produkt.
3. Zu guter Letzt wurden Temperatur und Herzschlag gemessen, um die Mitarbeiter über Aufregung und Interesse zu informieren.

Berater sahen so, wer besonders dringend beraten werden möchte und wer wiederum in Ruhe stöbert. Ein sensibler Moment, in dem man schnell als aufdringlich oder unaufmerksam wahrgenommen werden kann. Mithilfe dieses Konzeptes konnte die Technologie die Interaktion zwischen Kundenberatung und Konsument bestmöglich unterstützen (Zukunftsinstitut 2017). Rufen wir uns die Aussage von Watzlawick in Erinnerung: Man kann nicht nicht kommunizieren. Marke und Konsument befinden sich in einer ständigen Interaktion.

3.3 Go! B2B in Echtzeit

Digitaler Content eröffnet neue Vertriebswege und kann bestehende Maßnahmen flankieren oder im Idealfall direkt auf eine neue Ebene heben. So die Hypothese. Doch betrachtet man die Kommunikation in den sozialen Medien, erfährt Content zumeist nur eine Adaption auf inhaltlicher Ebene. Ein wirkliches Nutzen der Möglichkeiten einer Echtzeit-Kommunikation sieht man allgemein selten. Noch seltener sind gelungene Kommunikationsmaßnahmen im B2B-Content zu finden.

Meist wird ein sehr klassischer Ansatz gewählt. Aus Ermangelung an relevanten Inhalten werden Bildmotive mit hohem „Eyecandy"-Wert verwendet und sprechen somit hauptsächlich Foto- und Industriebegeisterte an, die dann zumeist auch noch aus den eigenen Reihen kommen. Letzteres kann durchaus Sinn ergeben, allerdings nur, wenn der Kanal das Ziel hat, die eigene Employer Brand zu stärken.

Mal ehrlich: Wird ein Global Category Manager seine Einkaufsentscheidung zugunsten Ihres Unternehmens fällen, weil Ihm das letzte Bild des Firmengebäudes bei Sonnenuntergang so verzaubert hat? Natürlich nicht. Betrachtet man aber zum Beispiel die Fanpages oder die Instagram Channels der meisten Industriegiganten, wie etwa von Luftfrachtunternehmen oder Reedereien, entsteht sehr leicht genau dieser Eindruck. Oft sind die Fans der sozialen Kanäle nicht die Menschen und Entscheider, mit denen wir in Wirklichkeit kommunizieren möchten. Oft werden Sie feststellen, dass die Zahl der Personen, die tatsächlichen Umsatz generieren, recht überschaubar ist. Wenn es also um Umsatzsteigerung geht, muss Content eine anderweitige Zielsetzung erfahren. Und gerade in diesem Kontext wird das Kapitel über User Storys noch einmal interessant.

Denn die allererste Frage, die es sich zu stellen lohnt, ist: Wer muss mit dem jeweiligen Content überzeugt werden? Kunden? Entscheider von Zielkunden? Journalisten? Politiker? Das Herzstück Ihrer Content-Strategie sollte also zunächst eine Analyse sein.

Stellen Sie sich folgende Fragen:

- Was interessiert diese Menschen?
- Welche Artikel und Themen teilen sie?

Agile Content-Produktion bedeutet in diesem Fall nicht nur Geschwindigkeit, sondern auch kontinuierliches Messen und Adaptieren. Das agile Content-Team sollte also aus Journalisten bzw. Textern und

Communitymanagern bestehen. (Siehe auch Abschnitt Abschn. 4.3 zu interdisziplinären Teams). Der Communitymanager recherchiert täglich Antworten auf die Fragen: Was bewegt, was liest, worüber spricht die Zielgruppe? Auf Basis realer und aktueller Daten trifft das Team zusammen mit den Textern die Entscheidung für den zu produzierenden Content, um somit in Echtzeit relevanten Content beizusteuern.

Relevanz bedeutet hier aber auch, nur dann zu einer Unterhaltung beizutragen, wenn man als Unternehmen auch wirklich die Glaubwürdigkeit und das Know-how besitzt, um mitreden zu können. So wird das Unternehmen zu einer relevanten und respektierten Stimme in einer Social-Konversation.

Ein Beispiel aus der Praxis

Hier ein Beispiel aus der Praxis, wie relevanter Content für ein Logistikunternehmen im Tagesgeschäft aussehen kann und das ich selbst begleiten durfte.

Unser Team wusste, dass das Weltwirtschaftsforum in Davos für viele Stakeholder des internationalen Handels sowie für unseren Auftraggeber eine sehr hohe Relevanz besitzt.

Also haben wir proaktiv Interaktionen und Diskussionen rund ums Forum verfolgt.

Ein Tweet stach uns dabei besonders ins Auge: „Wie Partnerschaften infrastrukturelle Finanzierungslücken überbrücken können @CarolineKende". Ein Teaser für den Vortrag von Caroline Kende.

Da unser Kunde bereits über fantastische Inhalte zu diesem Thema verfügte, hatten wir die Legitimation und auch die Glaubwürdigkeit direkt mit dem Tweet zu interagieren. Mit unserer datengestützten Redaktionsentscheidung lagen wir richtig. Mrs. Kende, eine globale Schlüsselfigur, reagierte und teilte unseren Content mit Ihrem Netzwerk.

Caroline Kende-Robb arbeitete auf Vorstandsebene bei der Weltbank, dem Internationalen Währungsfonds (IWF) und war zu der Zeit im Vorstand des African Progress Panels tätig, dessen Vorsitz Kofi Annan innehatte. Unter ihren 35.000 Followern befinden sich also Präsidenten, Minister und führende Wirtschaftsgrößen.

Dieser Retweet gab uns die Möglichkeit, Caroline direkt anzusprechen und mit weiteren Inhalten zu beliefern. Den so gewonnenen Kontakt konnten wir an die Verantwortlichen im Hause unseres Kunden weiterreichen. Soziale Partnerschaften wurden so zu handfesten Kontakten in der realen Welt.

3.4 Content als kreatives Researchtool

Wir können die Zukunft nicht vorhersagen. *Auch der beste Stratege kann das nicht.*

Wir sprechen in diesem Buch viel davon, Content als kreatives Marktforschungstool zu nutzen. In der Tat ist gut konzipierter Content eine fantastische Möglichkeit quantitative mit qualitativer Forschung zu verknüpfen. Ein smarter Weg mehr über Konsumenten in Echtzeit zu lernen. Aber auch ein wundervolles Trend- und Prognosetool. Dieser Buchabschnitt ist eng mit dem nächsten Kapitel und dem Thema UX Research & User Storys verbunden. Denn alle Erkenntnisse, die durch Content-Kampagnen gewonnen werden können, befüllen wiederum die User Storys. Aber dazu mehr in Abschn. 4.5.

Wissen über Kunden und Konsumenten zu erlangen, heißt die Journey in ihrer Gesamtheit zu begreifen und stringent zuzuhören. Durch getrennte Abteilungen ist nicht selten die Situation gegeben, dass auf der einen Seite Produkte und Präsenzen entstehen, auf der anderen Seite Marketingaktivitäten stattfinden und am Ende keiner wirklich die Journey von A bis Z berücksichtigt hat. Es würde oftmals ausreichen, crossfunktional alle an einen Tisch zu bringen und gemeinsam den Konsumentenweg zu betrachten.

Viele glauben ihre Zielgruppe zu kennen und sich in diese hineinversetzen zu können. Doch wann ist man das letzte Mal „in den Schuhen" der eigenen Zielgruppe gelaufen? Finger weg vom Glauben, dass jeder im Marketingprofi andere Menschen hervorragend durchschauen und seine Motive und Handlungen vorhersehen könnte.

Annahmen zu treffen ist gut, sie zu validieren noch besser!

Marken lancieren so viel Content und generieren gleichzeitig so wendig anwendbares Wissen daraus. Doch theoretisch lernt man bei jedem kleinsten Content-Schnipsel etwas über Erwartungen, Bedürfnisse und sonstige Motive dazu.

Sind gute User Storys einmal definiert (siehe Abschn. 4.5) werden diese mit Leben gefüllt.

Die Abb. 3.1 visualisiert, wie User Storys in täglichen Content-Produktionen entstehen können. Nehmen wir einen klassischen Facebook-Redaktionsplan und strukturieren die einzelnen Postings pro Woche in ein sinnvolles und zusammenhängendes Storytelling. Im Bereich Kosmetik könnten verschiedene Produkte z. B. zu den Themen Urlaub oder Sonne zusammengefasst werden. Ein und dieselbe Content-Kampagne kann leicht zielgruppenspezifisch adaptiert werden. Das Look & Feel der Marke kann also an ältere Zielgruppen angepasst werden, an junge hippe Menschen sowie an Heavy Metal hörende Männer Ende 40 (überspitzt definiert). Entsprechend würden per Media-Targeting die unterschiedlich adaptierten Kampagnen auch nur an die entsprechende Zielgruppe adressiert werden. Durch eine solche Vorgehensweise gewinnt man weitreichende Erkenntnisse über Reichweite, Konvertierung, Produktakzeptanz, richtiges Storytelling und noch viel mehr.

Eine solche Skalierung an Content-Adaptionen ist nicht zwingend erforderlich. Die bereits gesendeten Postings, Tweets & Co., kombiniert mit effizienter Mediastrategie, geben bereits so viel preis, dass es „nur" darum geht, diese Informationen zu sammeln und die Erkenntnisse in zukünftige Postings wieder einfließen zu lassen. Nur so kann ein ständiger Optimierungsprozess entstehen.

Im besten Fall wird trichterförmig vorgegangen. Eine breite Streuung gibt allgemeine Erkenntnisse, die im nächsten Schritt für ein mehr granulares Targeting genutzt werden. Und so wird mit jedem weiteren Schritt mehr gelernt und User Storys können differenzierter betrachtet werden. So können auch Zielgruppenanalysen dynamisch bleiben. Statt immer wieder neue Zielgruppenanalysen zu beauftragen, kann eine User Story mitwachsen bzw. eine neue entstehen.

Diese effiziente Vorgehensweise kann für groß angelegte Launches jedweder Art (Kampagnen, Features oder Produkte) angewendet werden. Durch solch iterative Prozesse kann schnell nachjustiert werden – je nachdem, wie die Reaktion und Akzeptanz der Konsumenten ist.

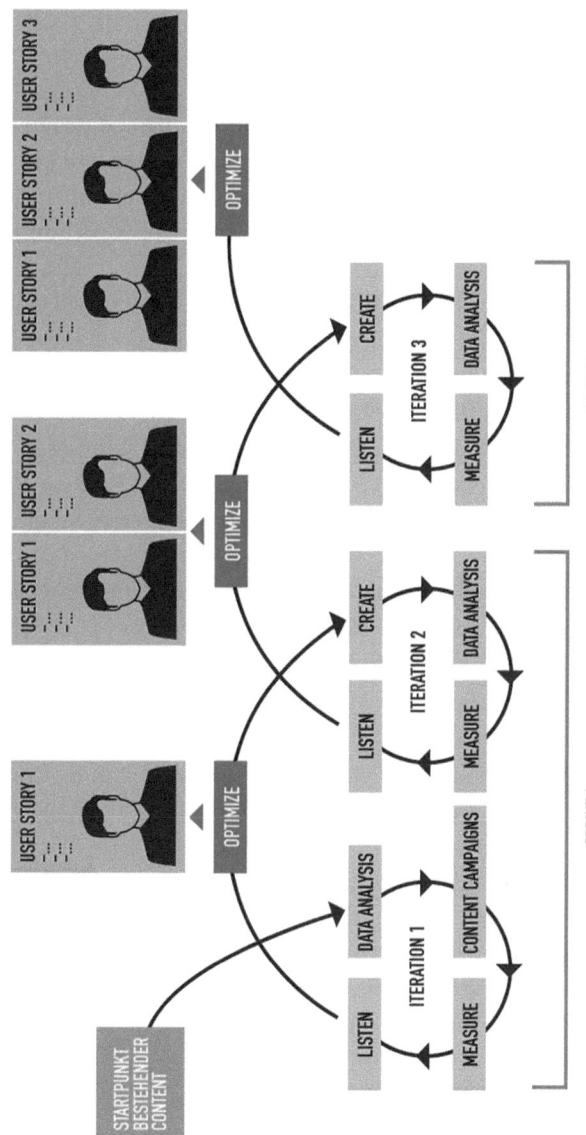

Abb. 3.1 Entwicklung von User Storys bei Content-Produktionen. (Quelle: Petifourt)

Verläuft man sich mal, hat man höchstens einige Wochen Zeit verloren. Denkt man an sonst gängige Zyklen von teilweise über einem Jahr ist diese iterative Herangehensweise also eine unglaubliche Kostenersparnis.

Der Kunde steht immer im Mittelpunkt
Durch schnelle Zyklen lernen Sie die Kundenbedürfnisse genau kennen. Mehr noch: Schnelle Zyklen bedeuten einen Wissensvorsprung. Sie werden zum Beispiel nicht mehr von plötzlich auftauchenden Start-ups und neuen Geschäftsmodellen überrascht. Ihre neue Reaktionszeit verschafft Ihnen Handlungsspielräume.

Wer den Kunden wirklich in den Mittelpunkt stellen will, muss besser zuhören und wird so mehr lernen. Dabei gilt es, weniger intensiv mit strategischen Annahmen zu arbeiten, sondern schneller zu testen. Test – Build & Learn! „Do less research more often" (Gothelf 2017).

Data Creativity: Statt exorbitanter Marktforschung sollte man kreative Ansätze immer mit Datenanalyse zu untermauern. Mit solchen Prozessen wäre ein smarte und gewinnbringende Customer Experience schon recht weit gediehen.

Uns stehen fantastische Tools und Umsetzungsmöglichkeiten zur Verfügung: Anzeigenstatistiken, Custom Audiences, Analytic Tools, Social Listening, CRM-Systeme z. B., die man wunderbar in Verbindung miteinander bringen kann.

Vor der Kreationsphase ist es wichtig zu überlegen, was es in Erfahrung zu bringen gilt. Denn nicht jedes Format und nicht jede Kreation eignen sich für alle Zwecke. Kreative haben andere Spielräume, in denen sie arbeiten müssen.

Gerade im Social-Bereich kann nahezu alles getestet und beobachtet werden, noch bevor es in eine teure Entwicklungsphase geht. Statt z. B. neue Features erst zu entwickeln und dann beim Nutzer auf Erfolg zu testen, können vorab mittels kreativer Redaktion und Design die unterschiedlichen Wünsche und Bedürfnisse beobachtet werden. Hierbei geht es nicht um eine spröde Umfrage, sondern um subtiles Triggern, um die daraus folgenden Reaktionen analysieren zu können.

Gerade Themen wie Awareness, Interesse und tatsächliche Kaufentscheidung oder sonstige Konvertierungen, können durch A/B-Testing mit zielgruppenspezifischen Anzeigenkampagnen, Facebook

Pixel und nachfolgendem Analytics Code und Re-Targeting kontrolliert und optimiert werden.

Essenziell bei dieser Handhabung ist die hohe und vor allem kostengünstige Effizienz. Die einzelnen Schritte können immer mit einer Image- und Awarenesskampagne verknüpft, sowie permanent und zeitnah optimiert werden. Es müssen nicht grundsätzlich für alle Ziele neue Kampagnen und Aktionen ausgerollt werden. Synergien können durch sämtliche Teams von Unternehmen geschaffen werden. Wie so oft muss man das Rad nicht neu erfinden, sondern etwas kreativ um die Ecke denken.

Content als Trendprognose
Neben Consumer Insights dreht sich derzeit alles um Inhalte. Wir leben in einer Zeit, in der sich Trendthemen entweder rasant im Alltag der Menschen verankern oder genauso rasant wieder von der Bildfläche verschwinden. Ohne Frage: Es ist spannend, dabei zuzusehen.

Die Entwicklungsgeschwindigkeit ändert auch für Marken einiges. Eine Fülle an ausgeklügelten Jahresstrategien bringt heute niemanden mehr weiter. Es gilt, in kurzen Zyklen Themen zu erkennen, zu validieren und die Erkenntnisse ins eigene Unternehmen zu implementieren. Erfolgsentscheidend sind dabei die Bedürfnisse der Konsumenten – und natürlich das Wissen, das man über sie hat. Nur wer die Consumer Journey fest im Griff hat, kann eine Mechanik für valide Prognosen aufbauen und langfristig bestehen.

Um vom Early Adopter zum First Mover zu werden, bedarf es eines multifunktionalen und agilen Tools, das zukünftige Entwicklungen frühzeitig erkennt und einordnet. Dabei essenziell: Trends nicht nur zu erkennen, sondern wichtige Erkenntnisse zu validieren. Denn Kommunikation ist nicht gleichbedeutend mit Aktion. Ein Beispiel: Nachhaltigkeit liegt total im Trend. Unsere Esskultur hat sich hin zu Fairtrade- und Bioprodukten entwickelt. Zumindest macht es in der Öffentlichkeit den Anschein, als wäre das der Fall. Betrachtet man die Umsatzzahlen mit Bio-Lebensmitteln von 2017, zeichnet sich allerdings ein anderes Bild ab. Laut Statista wurde in Deutschland ein Umsatz von insgesamt rund zehn Milliarden Euro durch den Verkauf von Bio-Lebensmitteln erwirtschaftet (Verzehr außer Haus nicht eingerechnet).

Im Vergleich zur Präsenz von Markenaktivitäten ist der tatsächliche Verzehr nicht gleichermaßen angestiegen. In Deutschland essen wir weniger nachhaltig als die Markenkommunikation vermuten lässt.

Trotzdem ist aus dem ursprünglichen Nischenmarkt eine Bewegung geworden, die mittlerweile auch Zielgruppen erreicht, die nicht dem ökologisch denkenden Personenkreis zugeordnet sind. Liegt das an der allgemeinen Lust auf Nachhaltigkeit oder daran, dass Supermarktketten flächendeckend auf Bio- und Regionalprodukte setzen? Fakt ist, dass es kaum noch Marken gibt, die nicht mit Bio-Siegel werben. Marken, bei denen Nachhaltigkeit schon immer zum Kern gehörte, haben es zunehmend schwer, sich vom großen Angebot der Konkurrenz abzuheben.

Eine agile Content-Strategie kann valide und effizient mit solchen Trends umgehen. Sie ermöglicht es, frühzeitig teilzuhaben statt später aufzuspringen. Noch entscheidender ist, dass sie eine Einschätzung darüber liefern kann, ob sich ein Trend wirklich mit der Vision der Marke deckt.

3.5 Die Macht der Emotionen

Erfolgreiche Markenmanager wissen, dass es nicht nur um das Produkt selber gehen darf, wenn man treue Kunden gewinnen will. Es geht darum, ein Erlebnis zu bieten, das eine emotionale Verbindung zwischen Kunden und Marke herstellt.

Und doch geht es nicht darum eine künstliche Welt heraufzubeschwören, dem die Marke im Realen nicht gerecht wird. Die meisten Kunden wollen einfach das, was ihnen versprochen wurde. Es ist schön, die Kunden zu begeistern, doch nicht ohne konsequent die Kernerwartungen der Kunden zu befriedigen.

Hundertprozentige Einigkeit herrscht unter Experten nicht in der Frage, zu wie viel Prozent emotionale Aspekte an Kaufentscheidungen von Kunden beteiligt sind: die Zahlenangaben schwanken. Auch der Zusammenhang zwischen Emotion und Konsumverhalten ist nicht neu. Klar ist: Emotionen spielen eine tragende Rolle für das Erinnerungsvermögen.

Die Studie der Northwestern University bringt diese Erkenntnis auf ein neues Level und ist somit äußerst interessant. Es wurde festgestellt, dass die Wahl des Verbrauchers beeinträchtigt wird, wenn Anzeigen bewusst mit dem emotionalen Zustand (in diesem Fall Wut oder Traurigkeit in Bezug auf entspannende oder aktive Urlaubsorte) in Einklang gebracht werden.

Andere Untersuchungen haben ergeben, dass es dem Konsumenten mehr darum geht, emotional mit einer Marke verbunden zu sein, als sich „nur" zufrieden zu fühlen. Wir erinnern uns an Abschn. 2.2 (Für immer treu?) – was uns zurück zu dem Loyalitäts-ABC führt. Die Ansprache mit „emotionalen Motivatoren" (einschließlich des Wunsches, sich zugehörig zu fühlen, im Leben erfolgreich zu sein oder sich sicher zu fühlen) bringt Kunden hervor, die fast doppelt so wertvoll sind wie diejenigen, die nur zufrieden sind.

Denn eine emotionale Bindung schafft in der Regel eine höhere Loyalität und erhöht die Chancen, eine Marke weiterzuempfehlen.

„Life is bitter"
Eine Marke, die mich persönlich mit emotionalem, kessem Content begeistert – voller Klischees und kombiniert mit einem guten Grad an Personalisierung – ist Fernet Branca. Im Rahmen der Neuausrichtung der Marke mit der Kampagne „Life is bitter", gelang es, durch treffsicheren Content auf sich aufmerksam zu machen. Hierbei stand die Bitterkeit des Getränks auf selbstironische Weise im Vordergrund. Die Sprüche sollten, wie schon in früheren Kampagnenwellen, Anknüpfungspunkte und Identifikationspotenziale im Alltag eines jeden Konsumenten liefern, aber „mit einem Augenzwinkern", so der Markensprecher im W&V-Gespräch (W&V 2018). Das Targeting und die entsprechend passenden Botschaften waren einfach zu gut. Und auch Werber wurden mit zynischen Claims nicht verschont: „Früher gab es hier ehrliche Arbeiter", titelte ein Plakat im Stadtteil Hamburg-Ottensen Ende 2017. „Jetzt gibt es Werber. Life is bitter".

Neben Plakaten, deren Aussagen auf regionale Gegebenheiten abgestimmt waren, startete Fernet Branca auch einen Social-Media-Aufschlag, der nach eigenen Angaben „minutiös auf verschiedenste Zielgruppen zugeschnitten" wurde. Und in der Tat hat es auch mich erwischt. Abends im Büro fällt mir auf Facebook plötzlich eine Fernet-Branca-Anzeige auf. Der Text: „Früher konntest du Überstunden abbummeln. Jetzt arbeitest du in der Werbung." Treffer und versenkt!

Für die meisten Marketingmanager geht es bei der Personalisierung um spezifische, sehr zielgerichtete Botschaften und Anzeigen, die den Kunden auf der Grundlage früherer Käufe und Verhaltensweisen zugestellt werden, um einen rechtzeitigen Kauf anzuregen. Für den Konsumenten bedeutet Personalisierung etwas anderes: individuelle Betreuung.

Auf die Frage, welche Art von Personalisierung bei personalisierten Werbebotschaften, personalisiertem Support/Service oder personalisierten Kauferlebnissen am wichtigsten seien, wählten fast die Hälfte der Befragten in einer Studie (Mindtree 2016) den personalisierten Support. An zweiter Stelle stehen die personalisierten Einkaufserlebnisse, wobei die Werbung an letzter Stelle aufgeführt wird. In den unstrukturierten Daten (Kommentaren) der Studie äußerten die Verbraucher die Sehnsucht, als Individuen bekannt und geschätzt zu werden. Sie sind sogar bereit, persönliche Informationen weiterzugeben, solange Marken im Gegenzug einen echten Mehrwert bieten.

Schließlich geht es bei der Gewinnung und langfristigen Bindung von Kunden darum, positive emotionale Erlebnisse zu schaffen, die ihre Erwartungen konsequent erfüllen. Kunden müssen sich geschätzt, verstanden und durch authentische Interaktionen unterstützt fühlen.

„Nothing beats a Londoner"
Und so gelang auch Nike mal wieder ein „Just do it"-Coup, indem sie mit ihrem Video „Nothing beats a Londoner" nicht nur punktgenau in den eigenen Markenkern trafen, sondern auch in die Herzen der Londoner. Kreiert wurde die Bewegtbildkampagne mit Londoner Künstlern und Sportlern. Warum war diese Kampagne so unglaublich erfolgreich? Ein typisch amerikanisches Unternehmen, wagt sich auf fremdes Terrain mit viel Lokalkolorit. Während Nike oft professionelle Athleten als Inspirationsquelle benutzt, verwendet „Nothing beats a Londoner" echte „Kinder" aus der Hauptstadt und vereint Sport, Musik und Mode. Hier können Sie das Video anschauen:

Gedreht wurde in den Vierteln Dalston, Peckham und Brixton mit insgesamt 258 Schauspielern. Darunter die angesagtesten „Of-the-now"-Stars und viele andere Real-Life-Londoner, die ein großartiges Bild der aktuellen British Culture zeichnen. Es entstand ein brillanter, energetischer und humorvoller Clip (übrigens auf 16 mm gedreht), womit sich nahezu jeder Londoner herrlichst identifizieren konnte (Campaign 2018).

Die digitale Welt ist ein Paradies, um an Insights zu gelangen, die solch relevante Storys erst entstehen lassen. Denn die besten Geschichten entstehen durch das Wissen über Konsumenten. Und dieses Wissen wiederum ergibt sich durch den richtigen Umgang mit Daten. Auch beim Konkurrenten Adidas. Kelly Olmstead, VP Brand Aktivierung für Nord Amerika bei Adidas dazu: „We're constantly working to understand our consumers better, and data leads us to insights that deliver stories that are richer and more relevant to our consumers" (Harvard Business Review 2018a).

Während Nike Konsumenten zum „just do it" aktiviert, Disney die Fantasie anregt und BMW das „ultimative Fahrerlebnis" proklamiert, kann auch Augmented Reality wunderbar helfen, die eigene Vision zum Leben zu erwecken.

3.6 The First Mover

Bevor wir uns nun der spannenden Welt von Augmented Reality widmen, ein kurzer Blick auf das generelle Thema Interface Design oder die Evolution des geschriebenen Wortes bzw. dessen Herausforderungen.

Content obliegt einem stetigen Wandel. Auch die Inhalte selbst, die wir zu großen Teilen noch als Text-Derivate oder (Bewegt-)Bild betrachten, verändern sich. Chatbots, Wearables oder Voice Interfaces wie Alexa sind die kommenden Megatrends, und werden in naher Zukunft völlig homogen in die Customer Journey eingewoben.

Laut dem Beratungsunternehmen Gartner werden 50 % aller Unternehmen ab 2021 jährlich mehr Geld für die Entwicklung von Bots und Chatbots ausgeben (Gartner 2018) als für die traditionelle App-Entwicklung.

Während wir bisher noch über Programmiersprachen und Eingabeprothesen (z. B. Maus, Keyboard) einen Weg lernen mussten, der es dem Computer ermöglicht uns zu verstehen, bringt uns die Kombination von Systemen wie ASR (Automated Speech Recognition), Natural Language Processing (NLP) und T-t-S (Text-to-Speech) erstmals zu dem Punkt, dass „der Computer" uns versteht und im Rahmen der Ergebnisse antwortet. Die Ausgabe der Inhalte wird also nicht mehr vom Menschen im Sinne eines Artikels geschrieben, sondern von einer KI zusammengestellt und anschließend wiedergegeben.

Dieser neuen Form der Darstellung von Content müssen wir auch mit neuen Fragestellungen begegnen. Wie lauten die Rahmenbedingungen für KIs, um mit uns als Mensch zu interagieren? Unter welchen Gesichtspunkten muss dieser Content designt werden? Wer ist dafür im Entwicklungsteam verantwortlich und in was für einem Umfeld wird er realisiert? Neue Berufsfelder und Expertisen entstehen, um diesen Herausforderung zu begegnen.

Eine Herausforderung ist das „Uncanny Vally". Ein Begriff, der aus der Robotik stammt und jenes Phänomen beschreibt, in dem wir als Menschen mit Maschinen immer vertrauter umgehen und sie stärker akzeptieren, je ähnlicher diese uns selbst in ihrem Verhalten werden. Jedoch nur bis zu einem gewissen Grad. Denn werden uns die Maschinen wiederum zu ähnlich, ohne aber völlige Perfektion erreicht zu haben, schrecken wir zurück bzw. die Akzeptanz schwindet, und wir lehnen sie ab.

Vor einer ganz ähnlichen Situation stehen Marken. Sie müssen ihre Voice UX entsprechend adaptieren, aber dürfen dabei nicht „unheimlich" werden. Was muss also beachtet werden?

- Transparenz: Die User müssen wissen, wann sie mit einem Bot sprechen.
- Kontext: Um eine optimale UX auch im „Audio-only"-Umfeld zu erreichen, sollten die Bots sehr konkrete Aufgabenstellungen haben. Das erleichtert nicht nur ihr Training, sondern auch dem User den gezielten Einsatz der Bots.
- Daten: Ein aktuelles Manko von vielen Chatbots ist, dass sie reine Datensammler sind. Der Output, und damit der Mehrwert für den Kunden, sind noch entsprechend schwach.
- Gesprochene Sprache: Ein weiter Punkt, den zukünftige VUI-Designer beachten müssen: Alexa & Co sprechen oft noch so, wie wir schreiben würden. Die kürzere und damit auch schnellere und relevantere Antwort liegt aber in der gesprochenen Sprache.
- Emotionen: Wie zuvor bereits erwähnt, finden Menschen leichter Zugang zu neuen Produkten, Services oder Systemen, wenn sie mit ihnen auf einer persönlichen Ebene interagieren können. Diese Erkenntnis findet sich im Prinzip des „Emotional Designs" wieder.

Laut Werner Vogels, dem Vater von Alexa bei Amazon, bestehen 10 % unseres Mailverkehrs aus Wertschätzung: „Danke, dass Du mir geholfen hast", „Schön, dass Du wieder da bist". Voice Interfaces müssen das beachten, wenn sie akzeptiert werden möchten.

Der UX Writer bzw. VUI Designer gehört von Anfang an, als Teil des agilen Entwicklungsteams, mit dazu und gestaltet maßgeblich, wie die Mensch-Maschinen-Interaktion aussehen soll und ist somit eine kritische Ressource für den späteren Erfolg des Produkts.

Eines muss klar sein, der Fortschritt wird sich nicht mehr verlangsamen. Und was für uns heute „fancy" ist, wird für künftige Generationen eine Selbstverständlichkeit sein. Für unsere Kinder werden die primäre Umgebungs- und Mediensteuerung, sowie die initiale Websuche im Netz per Stimmeingabe völlig normal sein.

3.7 Die neue Dimension: Augmented und Virtual Reality

Zwar können Live-Videos schon interaktiv sein, doch die wahre Innovation der Vermittlung von Botschaften kommt vonseiten der Virtual und Augmented Reality (VR und AR). Beide Technologien treten an, um die Art, wie der Kunde mit der Umwelt interagiert, auf den Kopf zu stellen. Für das Content-Marketing ist AR relevanter. Hier werden die Verbindungen zwischen Umwelt und Produkt zum Konsumenten über ergänzende Informationen besser hergestellt als in der VR-Welt, in der der Nutzer von der Umwelt abgeschottet agiert.

Eine Studie der International Data Corporation (IDC 2017) geht davon aus, dass die Umsätze von Augmented und Virtual Reality von fünf Milliarden Dollar in 2017 bis 2020 auf mehr als 160 Mrd. US$ ansteigen werden.

Spätestens seit Pokemon Go hat das Thema die entsprechende Nutzerakzeptanz erreicht und Facebook und Co investieren bereits Milliarden, um den Durchbruch in naher Zukunft vorzubereiten.

Viele große Marken, wie Coca-Cola, VISA, Uber, Audi usw., nutzen diese Technologien zu Werbezwecken. Durch Augmented Reality kann eine sehr schöne Form der Emotion und Personalisierung umgesetzt werden. Es ist eine fantastische Art, Menschen zu überraschen und zu überwältigen. Meine Lieblings-AR-Kampagne in dem Zusammenhang, war die „unglaubliche Bushaltestelle" an der Londoner New Oxford Street, kreiert von Pepsi. Während man gelangweilt auf den Bus wartete, sah man durch die vermeintliche Glasscheibe der Haltestelle, wie ein Riesenkrake Menschen in den Abgrund riss oder kleine Ufos unauffällig daherkamen (Pepsi 2014), zu sehen hier:

Manche Marken erreichen eine hohe Form der Emotionalisierung, wie z. B. die VISA-Kampagne „Try something new with Visa":

Visa nutzte Augmented Reality (AR), um ihren Markenkern auf aktivierende Weise zu vermitteln. AR verbindet physischen Content mit der digitalen Welt. AR war die perfekte Technologie, um Konsumenten „everywhere you want to be" hautnah erleben zu lassen und sie so wahrhaftig in den Dschungel zu entführen, obwohl sie sich eigentlich gerade in einer Shopping Mall in Polen befanden.

Die von der polnischen Agentur Lemon&Orange konzipierte AR-Kampagne erweckte den Markenkern mittels der neuen Technologie zu neuem Leben. Visa inspiriert Konsumenten neue Wege zu gehen, Abenteuer zu erleben, zu reisen, und neue Erfahrungen zu sammeln. AR gab dem Konsumenten dieses cineastische und direkte Erleben, welches, in dem Moment, weder Print noch TV hätte realisieren können.

Und auch Ikea nutzte diese Technologie für seine Zwecke und entwickelte „Ikea Place". Ikea-Möbel können damit virtuell in der eigenen Wohnung platziert werden und man erkennt direkt, ob die Möbelstücke sich für die Wohnung eignen oder nicht. Und dies maßstabsgetreu. Die App skaliert Produkte automatisch – abhängig von den Maßen des Raumes – mit einer Genauigkeit von 98 %. Die AR-Technologie ist so präzise, dass man die Textur der Materialien sowie den Licht- und Schattenfall auf die Einrichtungsgegenstände erkennen kann (Ikea 2017). Hier erhalten Sie einen Eindruck davon:

Die Content Experience bekommt auf dieser Ebene eine größere Intensität. Produkte und Dienstleistungen können live erlebt und erprobt werden. Eine spannende Erlebniswelt wird geschaffen und Konsumenten die Marke nähergebracht. Allein durch den Aspekt der neuen Technologie gewinnt die Marke Aufmerksamkeit und Interesse und es gelingt aus der Masse an Inhalten herauszustechen.

3.8 Non-visueller Content als „Super Service"

Interaktion gehört zum Service dazu und mit Conversational Interfaces kann diese eine neue Qualität entfalten. Megatrends, wie Seamless Experience („Nahtloses Kundenerlebnis"), Attention Economy („Ökonomie der Aufmerksamkeit") oder Artificial Intelligence (AI) und Data Era, sind Teile wie auch Lösungen für eine individualisierte Kundenansprache, ob digital oder am POS. Part einer sogenannten Seamless sind z. B. Voice-Bots, die eine neue Form der Kommunikation erlauben.

Seamless Commerce, also die nahtlose Customer Journey im Einkaufserlebnis, ist hocheffektiv und gleichzeitig gewinnbringend, da es für den Kunden eine ungeheure Bequemlichkeit an den Tag legt.

So launchte die Kaufhauskette Marks & Spencer jüngst in Großbritannien mobile Bezahlsysteme. Kunden können ihre Artikel eigenständig und quasi im Lauf bezahlen. Dies verkürzt den Einkaufsvorgang in dem der Verkäufer nun mehr Zeit hat, etwa für relevante Beratung. Dies stellt Content erneut vor eine spannende Herausforderung, denn gerade hierbei war UX-Writing sehr wichtig und auch die Kommunikation vorab war entscheidend. Denn nun gilt es dem Kunden das Gefühl zu nehmen, er würde Ware aus dem Shop entwenden, also ohne Bezahlung gehen.

Im Fall der Sprachassistenten, wie Alexa, Cortana und Co, liegt die Herausforderung in der natürlichen Konversation. Was, wenn Content plötzlich verbal wird? Wie kann Kommunikation optimal für den Konsumenten konzipiert werden?

Wir sprachen schon darüber, wie wichtig es ist, für Marken eine Persönlichkeit zu kreieren. Wie aber soll sich eine Marke anhören?

Welche Stimme soll sie bekommen? Und was wird sie zu erzählen haben?

Bezüglich einer non-visuellen Kundenkommunikation stellen sich also ganz neue Fragen:

- Wie und wo findet die Marke in interaktiven Audioangeboten statt?
- Wo kann über meine Produkte und Dienstleistungen kommuniziert werden?
- Wie kann intelligentes Storytelling funktionieren?

Sprachassistenten wie Alexa oder Google Home dienen uns zu Hause. Wir können das Licht ausschalten, dimmen, einfärben, mit nur einem kleinen Sprachbefehl. Das ist komfortabel.

Während bislang immer noch eine gewisse Distanz zwischen Marke und Konsument besteht, wird diese durch die Sprachtechnologie verringert. Dies ist das eigentlich interessante, wie auch herausfordernde an dieser Art von Content. Für Marken, für Kreative, aber auch für die Konsumenten.

Sprache ist das, was den Menschen ausmacht. Nun ist es also möglich, dass in meiner eigenen Wohnung eine bestimmte Marke mit mir spricht, auf mich eingeht und eine Beziehung zu mir aufbaut.

Das Thema „Wissen über Konsumenten" kommt wieder ins Spiel, denn hier werden Marken mit Bedürfnissen und Wünschen konfrontiert.

Wenn Content zu uns spricht

Dieser neue Bereich für Marketing wird bereits erfolgreich genutzt. Für B2C, wie auch für B2B. Bleiben wir z. B. in der Marketingbranche. Viele kennen sicherlich Digiday (digiday.com), ein Portal mit Medien- und Marketinginhalten.

Jetzt können Sie sich in 90 s über die Top-Marketing-Nachrichten informieren lassen, während Sie Ihren Morgenkaffee trinken, vorgetragen von einer echten Stimme, die Ihnen Tag für Tag vertrauter wird.

Es ist eine großartige Möglichkeit, die Nachrichten des Tages zu hören, die für Ihren Job relevant sind, ohne auf eine Website zu gehen oder sich bei LinkedIn oder Twitter einloggen zu müssen.

Ebenso Analytics: Sie fragen sich, wie es um eine ihrer neuen Kampagnen steht? Anstatt auf Google Analytics zuzugreifen und sich die Berichte anzusehen, bitten Sie Alexa einfach, die Zahlen für Sie zusammenzustellen.

Dieses Tool ist für Marketeers, die mit Echtzeit-Daten auf dem Laufenden bleiben müssen, eine große Unterstützung. Die Abfragen können so umfangreich oder granular sein, wie man es eben benötigt. Von einer monatlichen Übersicht, bis hin zur durchschnittlichen Verweildauer auf einer bestimmten Seite, alles ist möglich. Benutzen Sie einfach Befehle wie „Alexa, fragen Sie Web Analytics nach dem kompletten Bericht für gestern", und Ihr virtueller Verwaltungsassistent wird Ihre Daten in Sekundenschnelle abrufen.

Auf den Voice-Marketing-Zug aufgesprungen sind beispielsweise auch Jamie Oliver und der Hersteller von BBQ-Saucen Stubb, um Rezepte stilecht zu bewerben. Als Person, die gerade grillt, hat man die Hände frei und wird auch noch in die richtige Stimmung versetzt und zwar vom guten alten Stubbs höchstpersönlich: „Ask Stubb" (Stubb 2017).

Auch die Marke Tide (Produkt: Fleckenentferner) hat das Potenzial der Sprachassistenten erkannt. Anstatt Mama oder Oma um einen Rat zur Fleckenentfernung bitten zu müssen, gibt einem Tide über Alexa wertvolle Tipps.

Voice Search spielt im Marketing eine immer wichtigere Rolle
Viele Menschen suchen bereits per Spracheingabe. Brauchen sie z. B. ein Buch als Geschenk, wird bequem auf der Couch der Google Home Assistant befragt. Schnell sind die nächsten Buchläden in der Umgebung aufgelistet oder das beste Ergebnis auf Google angegeben. Keine langwierige Suche mit Smartphone oder Laptop, welches Geschäft sich in der Nähe befindet oder wo das gesuchte Produkt im Angebot ist.

Gerade Unternehmen mit Onlineshops oder einem informativen Blog müssen sich auf die Sprachassistenten einstellen. Wie muss Content auf den einzelnen Plattformen aufbereitet sein, damit die Suchmaschine sie als relevant einstuft? Wie wird überhaupt gesucht?

Die Suche über einen Sprachassistenten erfolgt nicht per Schlagwort bzw. Keywords. Wir sprechen mit den Assistenten, wie mit einem Menschen, der uns gegenübersteht. Und der Assistent antwortet, möglichst natürlich. Der Inhalt der Website muss also so aufbereitet sein, dass der Sprachassistent ihn nutzen kann.

Sprachassistenten revolutionieren unseren Zugang zum Internet und sind die Schnittstelle zwischen Mensch und Technik. Schon 2020 könnte die Hälfte der weltweiten Online-Suchanfragen per Sprache erfolgen. Google reagiert schon jetzt mit der Anpassung der Suchmaschine für die Sprachanfragen und veröffentlicht erstmals Richtlinien für gesprochene Suchergebnisse.

Kürzlich demonstrierte Google CEO Sundar Pichai auf der Jahreskonferenz 2018 einen Roboter mit einer Stimme, die so überzeugend menschlich klang, dass diese in der Lage war, einen Friseur anzurufen und einen Haarschnitt zu buchen – ohne zu offenbaren, dass es sich nicht um eine echte Person handelte (Independent 2018).

Mit Themen wie Big Data, Personalisierung und Automatisierung ist der E-Commerce zwar im leichten Vorsprung zum stationären Handel, aber wenn es diesem gelingt, diese Methoden zur effizienten Informationsbeschaffung und -verarbeitung zu nutzen, kann auch er von den neuen Trends profitieren. Die Grenzen zwischen On- und Offline werden nicht künstlich hochgehalten.

Spannender Content durch Kooperationen
Für emotionales und interaktionsförderndes Storytelling sind u. a. zwei Dinge notwendig. Zum einen viel Wissen über die avisierte Zielgruppe, zum anderen großes Fingerspitzengefühl innerhalb der Textkonzeption, um das Wissen in die richtige Botschaft zu übersetzen.

Ein gutes Beispiel wie das gelingen kann, liefert die Tourismusbranche. Hier wird hin und wieder eine Kooperation mit den wirtschaftlich interessanten Zielländern genutzt, um Content auf ein höheres Level zu bringen. Oder aber ein bestimmtes Land nutzt einfach eine der erfolgreichsten Plattformen. So geschehen mit Airbnb als es dort plötzlich ein ganzes Land zu buchen gab: Schweden. (W&V 2017). Ganz nach dem Motto „Explore the freedom to roam", steht die atemberaubende Landschaft Schwedens auf https://sweden.withairbnb.com/ jedem gratis zur Verfügung. Es darf nach Herzenslust gewandert, geritten, geschwommen und einfach entdeckt werden.

Auch Expedia ist in Kooperation mit der Tourismuszentrale VisitBritain im Januar 2017 ein formvollendetes Storytelling gelungen, das beiden Parteien großen Erfolg beschert hat. Ziel der umfassenden dreijährigen Partnerschaft: Bewerbung des Reiseziels Großbritannien in den Ländern Deutschland, Frankreich und den USA.

Start des Maßnahmenpakets machte die sechsmonatige Kampagne „365 days of #OMGB moments across Britain". Die Content-Plattform „Oh my great Britain" wurde gefüllt mit User-generated Content sowie gezielt durch Social Influencer.

Urlaubsbilder mit dem Hashtag #OMGB fütterten den Instagram Channel, wie auch die eigene Plattform. Die immer größer werdende Community versorgte sich quasi gegenseitig mit Inspirationen und Expedia mit kostenloser Werbung. Die Reposts machten Lust auf mehr!

Allein auf Instagram entstanden so über 150.000 Inspirationen (Instagram, #omgb, 2018) und zeigte Großbritannien von seiner schönsten Seite.

In fünf unterschiedlichen Infomercials versuchten zudem landestypische Charaktere die Menschen von ihren Gegenden zu überzeugen und lockten den Zuschauer mit direkter Ansprache und regionalen Raffinessen. Durch die Technik Gyroscope kann mobil in den Norden, Süden, Osten oder Westen „gerutscht" werden. Hier ein Video dazu: https://vimeo.com/213755833

Als kleines Gimmick erfährt der Zuschauer, welches Video am längsten betrachtet wurde, um so auf die eigene Präferenz aufmerksam zu machen.

Ihr Transfer in die Praxis

- Content ist sehr viel mehr als Text und Bild. Seien sie als Marke mutig. Halten Sie sich immer wieder vor Augen: „Man kann nicht nicht kommunizieren." Auch eine Marke nicht. Also machen sie es spannend, vielseitig und nützlich. Daher sollte jeder Content mindestens diese fünf Punkte berücksichtigen:
  - **Verfügbar:** Content sollte schnell auffindbar, benutzerfreundlich und mobil sein.
  - **Granular:** Content muss auf unterschiedlichsten Touchpoints funktionieren und zu einem Gesamtbild geformt werden können.
  - **Interaktiv:** Content sollte durch persönliche Mehrwerte Engagement und Interaktion entstehen lassen, um eine Markenbindung zu erreichen.
  - **Vernetzt:** Eine ganzheitliche und smarte Customer Experience entsteht, wenn Content zu einer nahtlosen Journey verknüpft wird. Und somit zu weiteren nützlichen Informationen führt bzw. dem Nutzer eine klare Zielführung bietet.
  - **Konsumentenzentriert:** Es geht immer um den Empfänger. Alle Markeninhalte sollten stets im Hinblick auf den Konsumenten gestaltet werden.
- Denken Sie auch darüber nach, wie Ihre Marke klingen könnte.
- Wer könnte ein möglicher Kooperationspartner für Sie sein? Mit wem könnten sich Synergieeffekte ergeben?

Literatur

Adweek. (2016). Foot locker learns a move from museums, Launching In-Store sneaker audio tours. http://www.adweek.com/creativity/foot-locker-learns-move-museums-launching-store-sneaker-audio-tours-175109/. Zugegriffen: 10. Apr. 2018.

Brandtrust. (2014). Studie: „Die Mehrheit der Kunden pfeift auf Marken". https://www.brand-trust.de/de/artikel/2015/Kunden-pfeifen-auf-Marken.php. Zugegriffen: 20. Aug. 2018.

Business Insider. (2015). „Forget Apple and Google, Disney has already mastered wearable tech". https://www.businessinsider.in/Forget-Apple-and-Google-Disney-has-already-mastered-wearable-tech/articleshow/46799419.cms. Zugegriffen: 11. Apr. 2018.

Campaign. Nothing beats a londoner. https://www.campaignlive.co.uk/article/nike-wieden-kennedy-made-viral-ad-speaks-real-london-youth/1456978. Zugegriffen: 15. Apr. 2018.
Digiday. https://digiday.com. Zugegriffen: 15. Apr. 2018.
Eurocis. (2017). Smart Retail durch den Einsatz von Sensorik. https://www.eurocis.com/cgi-bin/md_euroshop/lib/pub/tt.cgi/Smart_Retail_durch_den_Einsatz_von_Sensorik. Zugegriffen: 11. Apr. 2018.
Experientialmarketing News. (2017). Showcase Video zur Kampagne. http://experientialmarketingnews.com/visa-augmented-reality-campaign/.
Gartner. (2018). Chatbots will appeal to modern workers. https://www.gartner.com/smarterwithgartner/chatbots-will-appeal-to-modern-workers/. Zugegriffen: 20. Mai 2018.
Harvard Business Review. (2018a). How consumer insights and digital have led to Adidas growth. https://hbr.org/sponsored/2018/05/how-consumer-insights-and-digital-have-led-to-adidas-growth. Zugegriffen: 28. Mai 2018.
Harvard Business Review. (2018b). https://hbr.org/sponsored/2018/02/3-principles-disney-uses-to-enhance-customer-experience. Zugegriffen: 10. Apr. 2018.
IDC. (2017). Report. „Augmented and Virtual Reality". https://www.idc.com/getdoc.jsp?containerId=prUS43248817. Zugegriffen: 15. Apr. 2018.
IKEA Unternehmensblog. (2017). Ikea Place App. https://www.ikea-unternehmensblog.de/article/2017/ikea-place-app. Zugegriffen: 20. Mai 2018.
Independent. (2018).https://www.independent.co.uk/life-style/gadgets-and-tech/news/google-duplex-ai-artificial-intelligence-phone-call-robot-assistant-latest-update-a8342546.html. Zugegriffen: 05. Juni 2018.
Instagram. #omgb. Zugegriffen: 04. Apr. 2018.
Jeff Gothelf. (2017). Lean vs agile vs design thinking. Sense and respond press.
Mindtree. (2016). Bezahlte Studie „Konsumenten erwarten Personalisierung".
Pepsi. (2014). https://www.youtube.com/watch?v=Go9rf9GmYpM. Zugegriffen: 15. Apr. 2018.
Statista. (2017a). Studie: „Umsatz mit Bio-Lebensmitteln in Deutschland in den Jahren 2000 bis 2017 (in Milliarden Euro)". https://de.statista.com/statistik/daten/studie/4109/umfrage/bio-lebensmittel-umsatz-zeitreihe/. Zugegriffen: 15. Apr. 2018.
Statista. (2017b). Studie „Umsatz im Lebensmitteleinzelhandel in Deutschland in den Jahren 1998 bis 2017 (in Milliarden Euro)". https://de.statista.com/statistik/daten/studie/161986/umfrage/umsatz-im-lebensmittelhandel-seit-1998/. Zugegriffen: 15. Apr. 2018.

Stubb. (2017). Voice Kampagne „Ask Stubb". https://vimeo.com/219763193. Zugegriffen: 09. Apr. 2018.
Tasty. https://tasty.co. Zugegriffen: 11. Apr. 2018.
The Verge. (2017). https://www.theverge.com/2017/7/27/16037586/tasty-one-top-buzzfeed-hot-plate-announced. Zugegriffen: 11. Apr. 2018.
Universal Orlando, & Clark, K. (2016). New ride and taputapu wearable details revealed about Universal's Volcano Bay. https://blog.universalorlando.com/whats-new/volcano-bay-coaster-details/. Zugegriffen: 11. Apr. 2018.
Video. https://www.youtube.com/watch?v=26qmJzTCRG4.
W&V. (2017). So schlau nutzt Schweden Airbnb. https://www.wuv.de/marketing/so_schlau_nutzt_schweden_airbnb, letzter Zugriff: 9. April 2018.
W&V. (2018). „Fernet-Branca legt nach". https://www.wuv.de/agenturen/fernet_branca_legt_nach. Zugegriffen: 15. Apr. 2018.
Zukunftsinstitut. (2017). RetailReport (S. 60).

4

Den Warp-Antrieb für Content aktivieren

> **Was Sie aus diesem Kapitel mitnehmen**
> - Welche Stellschrauben gedreht werden müssen, um schneller, wendiger und kundenzentrierter kommunizieren zu können.
> - Dass eine agile Arbeitsweise ein Umdenken erfordert und die DNA eines Unternehmens verändern kann.
> - Wie wichtig diese Kernphilosophie für agiles Arbeiten ist: lernen, umsetzen, messen, lernen.
> - Wieso User Storys das Herzstück Ihrer agilen Content-Strategie sein sollten.

Die vorherigen Kapitel machten deutlich, wie erfolgsentscheidend konsumentenzentrierter Content sein kann und wie spannende Mehrwerte und Services durch unterschiedlichste Formate und Technologien entstehen können.

In diesem Kapitel wiederum beschäftigen wir uns mit der Frage „Wie?". Wie muss das Content-Team aufgestellt sein, welche Prozesse sind wichtig und welche Strategie gilt es zu implementieren?

Keven P. Nichols (Nichols 2017), Executive Director der Content-Strategieberatung Avenue CX, sagte auf der Konferenz Re/VISION Boston: „Den Konsumenten in den Mittelpunkt zu stellen, erfordert weit mehr nur als eine simple Geste. In vielen Fällen verändert es die DNA von Abläufen und den gesamten strategischen Fokus".

Die meisten Unternehmen scheinen zwar um die Bedeutung dieser Aussage zu wissen, doch viel zu oft bleibt es bei einfachen Maßnahmen und somit oberflächlichen Gesten. Die elementaren und richtigen Schritte werden nicht ausgeführt. So wird immens viel über Customer Experience gesprochen, aber gleichzeitig kaum etwas umgesetzt. Die Studie „Boosting Performance -Through Organization Design" (Digital BCG 2017) der Boston Consulting Group ergab, dass Firmen, die agil arbeiten, fünf Mal häufiger zu den Top–Performern ihrer Branche gehören. Sie wachsen also schneller und erzielen überdurchschnittliche Margen.

Warum weiß man um diese unschätzbare Bedeutung, die deutlichen wirtschaftlichen Impact und klare Wettbewerbsvorteile hervorbringen kann, und verhält sich dennoch so zögerlich? Weil ein Wandel an etwas sehr Grundsätzliches stößt: Veraltete und starre Unternehmensstrukturen.

Es ist nicht so, dass die Dringlichkeit nicht verstanden wird, doch auch innovativ denkende Mitarbeiter kommen nur so weit wie die Strukturen es erlauben und ihre Verantwortungsbereiche es zulassen.

Eine gute Customer Experience lebt von Ganzheitlichkeit und nahtlosem 360°-Blick. Etwas, das schlicht nicht möglich ist, wenn Unternehmen zu stark an separierten Abteilungen und Teams festhalten. Wie soll mit einem solch silo-behafteten Denken eine ganzheitliche Darstellung entstehen? Wie kann Content sein Potenzial entfalten, wenn allein schon das Marketing in zahlreiche, unterschiedliche Abteilungen aufgegliedert ist: PR, Digitales Marketing, Brand Marketing, Social Marketing?

Gute Ideen brauchen Entfaltungsmöglichkeiten. Und unser aktuelles Konsumentenverhalten benötigt Schnelligkeit. Beides sind Parameter, die nicht unbedingt in der Natur von Unternehmen liegen. Straffe Hierarchien und feste Strukturen begünstigen lange Abstimmungsprozesse und voneinander getrennte Lösungen. Innovatives Arbeiten wird dadurch meist verzögert und behindert.

Content könnte dabei unterstützen, Innovationen in einer ganz anderen Geschwindigkeit und mit einer viel höheren Effizienz zu verwirklichen.

Doch veraltete Zielgruppenanalysen, sowie separierte Teams, mit separierten Methoden, werden niemals schnelle Innovationsbereitschaft, ganzheitliche Markenbilder und smarte Mehrwerte produzieren können. Und so können Unternehmen nur selten ausreichend schnell auf Veränderungen reagieren.

Wie könnte man also agiler in der Strategie werden? Schneller mehr über die Konsumenten erfahren? Und wie Mehrwerte, sprich Consumer Experience über Abteilungen hinweg erzielen? Wie mit allen Teams für die gleiche Vision arbeiten? Ganz einfach: Indem auch Strategie agil wird.

4.1 Die agile Arbeitsweise

Es muss ein Umdenken geschehen und zwar bei allen, die an den strategischen und praktischen Content-Pozessen beteiligt sind, also sowohl bei Agenturen als auch ihren Kunden.

Es wurde bereits festgestellt, dass zu sehr mit unvalidierten Annahmen und geglaubter Wahrheit gearbeitet wird, um zentrale Entscheidungen zu treffen. Die Entscheidungsgrundlagen für Investitionen entstehen oft auf Basis von teuren Strategien, die auf Recherchen und Statistiken beruhen. So machen wir immer wieder die Erfahrung, dass klassische Rechercheergebnisse drastisch von Ergebnissen aus realen Kundengesprächen oder Testings abweichen.

Zudem wird der Spagat zwischen immer kürzeren Releasezyklen einerseits und intensiver Qualitätssicherung andererseits immer größer. Auf der einen Seite muss alles, was veröffentlicht wird abgenommen werden und klassische Abstimmungsprozesse durchlaufen, auf der anderen Seite ist man dadurch zu langsam. Und dies stellt gerade Content vor eine neue Herausforderung, der im Sinne der Relevanz zeitnah distribuiert werden muss. Zumindest, wenn mehr als nur Markenmonolog kommuniziert werden möchte und eine Customer Experience entstehen soll, die sich wirklich von anderen unterscheidet.

Was uns zur Agilität in der Content-Produktion führt.

4.2 Agile, Lean, Design Thinking – die Guten ins Töpfchen …

In agilen Arbeitsweisen stecken viele interessante Aspekte, die für eine Content-Produktion äußerst relevant sind. Den Leitspruch: „Richtige Person, richtiger Zeitpunkt und richtige Botschaft" einzuhalten, gelingt zumindest nur sehr schwer mit klassischen Methoden. Und auch die im Kapitel zuvor beschriebenen Mehrwerte entstehen meist nur durch eng verzahnte Prozesse, die gleichzeitig eine offene Ideenentwicklung und Umsetzung begünstigen.

Zwar springen Firmen jeder Größe auf den agilen Hype auf, richten Labs ein, schulen ihre Mitarbeiter in agilen Methoden wie „Scrum" oder „Kanban" und tapezieren Glaswände mit bunten Post-its, jedoch bleiben diese Bemühungen meist recht zaghaft. Obwohl sich eine grundlegende Investition lohnen würde, wenn man nicht länger den digitalen Transformationsprozess verschlafen möchte.

Es werden nette Testprojekte nach agilen Prinzipien gestartet, man macht einen schicken Design-Thinking-Workshop oder zieht ein cross-funktionales Team für drei Monate aus dem Tagesgeschäft heraus. Aber das bleiben oftmals exotische Projekte, während das Ökosystem der Organisation – Strukturen, Prozesse, technische Infrastruktur, Räumlichkeiten, Unternehmenskulturen und Routinen – gleich bleiben.

Und so verharren wir, gerade in Deutschland, in der Phase des „Aufdockens" und wundern uns, warum der digitale Transformationsprozess nicht erfolgreich gelingt. Leider ist es auch ein Irrglaube sogenannte Speedboats (eigenständige Geschäftseinheit in Form eines Innovation Hubs innerhalb eines Unternehmens) vor das Unternehmen zu schnallen, um damit vermeintlich schneller agieren zu können. Das gleiche gilt für die Implementierung vereinzelter agiler Teams oder die Einführung eines Innovation Labs im Konzern. Agilität, egal wie man diese nun interpretiert und definiert, ist eine Haltung, eine Kultur, die flächendeckend durch den Konzern strömen und alle Abteilungen umfassen muss.

Und so wird auch eine agile Content-Produktion nur dann erfolgreichen Output erzielen, wenn diese konkret umgesetzt wird. Doch bei vielen herrscht große Unsicherheit über das „Wie".

Aktuell dürfen wir uns über den Output brillanter Köpfe freuen, die uns für moderne Arbeitsweisen gewinnbringenden Ideen liefern und die wir nun für unser Thema anwenden. Es sind Methoden wie Agile, Design Thinking oder die von Eric Ries konzipierte Lean-Startup-Methode, die uns voranbringen.

All diese Methoden haben eine Kernphilosophie, die kaum konträrer zu gängigen Arbeitsmethoden sein könnte, nämlich die Dinge nicht zu verkomplizieren und Prozesse nicht erst abzuschließen, um den nächsten zu starten, sondern im Fluss zu lernen.

Learn – Build – Measure – Learn.

Es wird nicht helfen, das kleine 1 × 1 dieser Methoden auswendig zu lernen. Es gilt, die Grundsätze von iterativen und kollaborativen Prozessen zu verinnerlichen. Die Vision eines Unternehmens sollte lauten: flexibel, aktiv, anpassungsfähig und mit Initiative in Zeiten des Wandels und der Unsicherheit zu agieren. Erst wer dieses Ziel in seiner Gänze absorbiert hat, versteht, dass die eigenen Strukturen und Prozesse dringend angepasst werden müssen.

Was wir nun machen werden, ist eine Essenz aus diesen drei Methoden Agile, Lean und Design Thinking zu extrahieren (Abb. 4.1). Denn mit agiler Content-Produktion schaffen wir ständig innovative Formate, Mehrwerte oder Produkte, designen eine formvollendete Customer Experience, die auf die Bedürfnisse der Konsumenten ausgerichtet ist und dies mit einer höchst effizienten Umsetzung. Wir heben Kreativität und Effizienz auf ein neues Level.

Design Thinking ist ein sehr offener und „kreierender" Prozess, noch bevor es zur Idee kommt, wohingegen Lean einen klaren Fokus auf Innovation im Rahmen von Produkten und Unternehmen legt (hier ist der Silicon-Valley-Entrepreneur Eric Ries sehr zu empfehlen). Agile kommt wiederum als die Umsetzungsmethode zum Einsatz. Gelingt es,

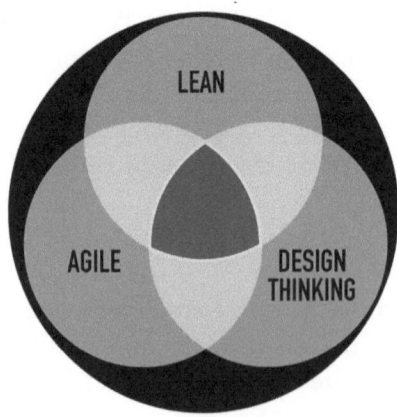

Abb. 4.1 Schnittstelle agiler Methoden. (Quelle: Petifourt)

diese Methoden tief im täglichen Arbeitsumfeld zu verankern, stehen innovativen, kreativen und effizienten Ideen nichts mehr im Wege,

„Your job is to pick and chose the specific elements from each practice that work well for your teams" (Gothelf 2017).

Wobei alle drei Methoden kein einfaches Allheilmittel sind, aber sie sind definitiv mehr als ein Etikett, das man dem Projekt aufklebt. Die Ursprünge und zentralen Grundsätze der verschiedenen „Philosophien" können in einer großen Anzahl sehr guter Artikel und Bücher vertieft werden. Hier soll es um Gemeinsamkeiten gehen, die eine Agile Content-Produktion ermöglicht. Für diejenigen, die sich einen schnellen Überblick über die Methoden verschaffen möchten empfehle ich folgenden Link: http://www.berlinerteam.de/magazin/ueberblick-agile-methoden-design-thinking-design-sprint-lean-startup-scrum/.

So wird in den nachfolgenden Abschnitten aufgezeigt, dass Strategie zu einem eng verzahnten Zusammenspiel aus ersten Annahmen, Validierung, kontinuierlicher Recherche und direkter Implementierung werden muss. Denn vor allem darf Strategie kein einmaliges Ereignis zum Start eines Projektes sein. Strategie ist in diesem iterativen Prozess eine ständige Begleiterscheinung.

Damit Content eine smarte Experience an den Tag legen kann, muss diese wendig, aber auch zugleich fokussiert sein. In diesem sich immer wieder wandelnden Kontinuum, gilt es auf Zack zu bleiben, um eine attraktive Content Experience zu vermitteln.

> Unsere Content Roadmap: Nicht lange reden, einfach mal machen!

Kern(stück) und damit Prinzipien der agilen Content-Produktion:
1. Eine gemeinsame Vision erarbeiten
2. Priorisieren – also das Hinterfragen lernen
3. Den Menschen ins Zentrum bringen
4. Klein denken, Großes Schaffen
5. Lernfähig und damit anpassungsfähig sein
6. Die richtigen Kennzahlen (KPIs) anvisieren
7. Interdisziplinäre Teams & Teamwork
8. Zuhören
9. Investieren – in Talente sowie Research
10. „Yes, we can"-Mentalität

Siehe Abb. 4.2.

Hat man diese Vorarbeit geleistet, gelingen die nächsten Schritte leicht. Wie heißt es so schön: „Fail fast, fail early, fail cheap".

Der Schwerpunkt liegt immer darauf, mit kurzen Zyklen überschaubare Arbeitspakete zu erzeugen und diese auf Tauglichkeit zu überprüfen: „Build (to think), Measure, Learn" heißt übergreifend das Motto, womit man, im besten Fall, schneller und kostengünstiger agieren und produzieren kann. Im Endeffekt denkt man große Projekte kleiner und macht diese so nicht nur greifbarer, sondern auch automatisch wendiger. Dieses iterative Vorgehen hat einen ganz klaren Vorteil: Es hilft, mit Veränderungen schnell umzugehen!

Zu jedem Zeitpunkt dieser Phasen können sich einschneidende Veränderungen ergeben. Findet die Realisierung aufeinanderfolgend statt (siehe Abb. 4.3), wie in nicht agilen Projekten meistens der Falls, können wichtige und zeitnahe Justierungen meist nur spät erfolgen. In kleineren Projekten kann die Konsequenz daraus überschaubar bleiben, bei größeren oder gar kontinuierlichen Arbeitspaketen, wie die

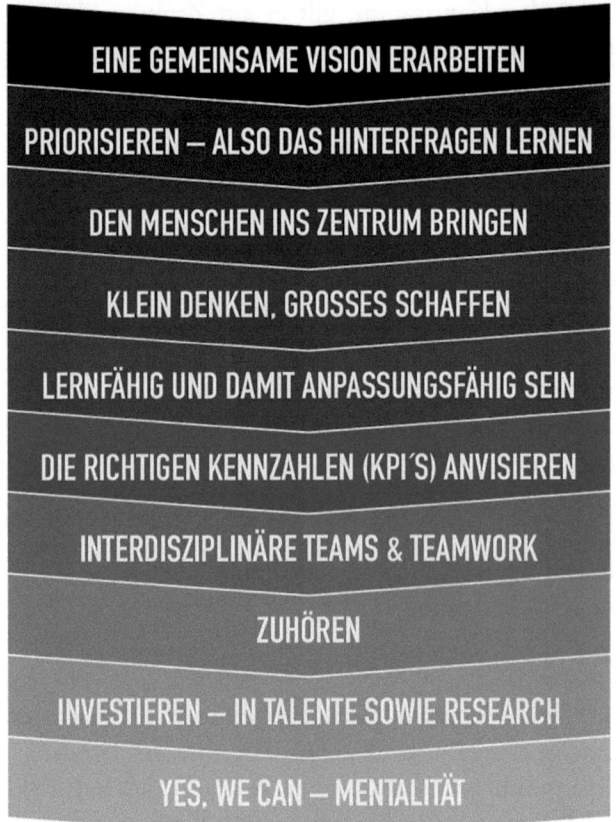

Abb. 4.2 Prinzipien agiler Content-Produktion. (Quelle: Petifourt)

Abb. 4.3 Klassischer Projektablauf mit aufeinanderfolgenden Arbeitsschritten. (Quelle: Petifourt)

Erarbeitung einer grundlegenden Customer Experience z. B., wäre dies schon weitaus komplizierter und teurer.

In Kapitel zwei wurden viele spannende Content-Beispiele genannt. Um kontinuierlich Leistung zu erbringen, hilft es in dynamischeren,

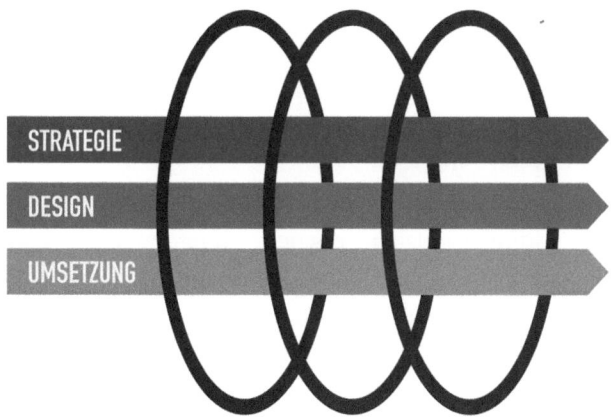

Abb. 4.4 Dynamischer Prozess mit eng verzahnten Arbeitsschritten. (Quelle: Petifourt)

kürzeren und interdisziplinären Prozessen zu arbeiten. Stratege, Redakteur, Designer oder technischer Entwickler sollten voneinander profitieren und sich gegenseitig inspirieren.

Das Thema „Lernen" spielt eine der tragendsten Rollen in solchen Prozessen. In diesem Loop, wie Abb. 4.4 aufzeigt, können neue Erkenntnisse von den entsprechenden Bereichen zeitnah implementiert werden.

Die Schwierigkeit in einem verzahnten Vorgehen liegt darin, dass der Umgang mit unfertigen Erzeugnissen gelernt werden möchte. Aber auch hier gilt: einfach mal machen und schauen, wie es sich anfühlt!

4.3 Das Team – interdisziplinär und kollaborativ

Iterative Prozesse sind die ersten Maßnahmen. Im zweiten Step ist die Etablierung interdisziplinärer Teams in Unternehmen gefragt. Denn immer wieder stößt man an die gleiche Grenze, egal in welchem Unternehmen: Verantwortungsbereiche. Teams, so innovativ und kreativ sie auch denken mögen, müssen mit künstlich angelegten Grenzen kämpfen, an denen sie nicht vorbeikommen.

Und doch müsste mittlerweile jedem Konzernchef klar sein, dass wir in einer barrierefreien Welt agieren und kommunizieren. Und Konsumenten ist es egal, ob sie mit der Marke offline oder online in Kontakt treten. Über Bot, Fanpage oder App – es geht nur um die Frage „Wie", nicht um das „Wo".

Innovation und Kreativität entstehen zumeist im Team. Guter Content lebt von multidimensionalen Ebenen. Interdisziplinäre Teams, aus unterschiedlichen Abteilungen/Funktionen/Verantwortungsbereichen sind essenziell, um diese Umstrukturierung umzusetzen. Denn ohne ein breites Wissen, breites Dasein unterschiedlichster Verantwortungsbereiche, gelingt es keiner Marke innerhalb von „Projekten" einen ganzheitlichen Blick zu gewährleisten. Die hohe Kunst wäre, feste aber interdisziplinäre Content-Teams zu etablieren, die einmal quer durch vorhandene Unternehmensstrukturen gehen. Beispielhaft dargestellt in Abb. 4.5, wobei sich die richtige Zusammenstellung des Teams aus dem Projektziel ergibt.

Denn das Wissen unterschiedlicher Disziplinen ist gefragt. Content für die Marke ist, wie zu Beginn des Buches bereits deutlich gemacht, alles das, was ein Unternehmen kommuniziert. Konsumenten ist es egal, ob die PR-Abteilung, das Brand Management oder das Digitale Marketing etwas erarbeitet hat. Es muss nach außen eine ganzheitliche Präsenz und nahtlose Customer Experience an den Tag gelegt werden.

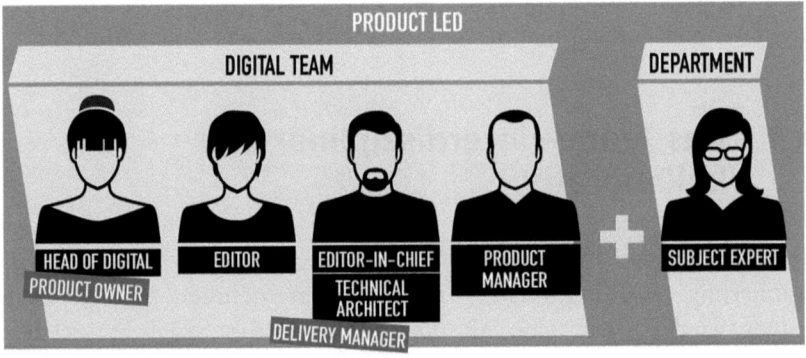

Abb. 4.5 Beispielhafte Zusammenstellung eines interdisziplinären Teams. (Quelle: Petifourt)

Und das gelingt, wenn Teams crossfunktional und eigenverantwortlich arbeiten dürfen.

Diese Teams und deren wertvolle Sicht wird benötigt, um die User Story und Story Mapping (nachfolgender Abschnitt) mit so vielen wichtigen Details zu füllen, wie nur möglich. Auch ist ein kollaboratives Arbeiten während der Story Map ist unerlässlich, wenn ein ganzheitlicher Blick über den Konsumenten entstehen soll. Die agile Arbeitsweise erleichtert es multidisziplinären Teams, erfolgreich zusammenzuarbeiten.

Abb. 4.5 zeigt, wie ein beispielhaftes multidisziplinäres Team für Content-Kampagnen aussehen könnte. Hier gilt jedoch: Die richtige Zusammensetzung richtet sich nach den Content-Anforderungen!

Ein Loslassen auf beiden Seiten

Zum einen müssen Konzerne mehr Verantwortung an die Teams abgeben können, und zum anderen müssen Teams diese Verantwortung auch erfüllen können. „Die neue Freiheit agiler Teams ist kein Selbstläufer, sondern die Übernahme von deutlich mehr Verantwortung. Dies muss gelernt und vom Management gefördert und begleitet werden" (Pauers 2016).

Wichtig ist das Verständnis, dass agile Methoden, weder alleine die Führungsetagen noch allein die IT- und Software-Abteilung betreffen. Ganze Teams müssen lernen, was es bedeutet, agil zu arbeiten. Denn nur so können schnelle und zeitnahe Entscheidungen getroffen werden, die Ergebnisse hervorbringen, die nicht durch unzählige Abstimmungsprozesse schon wieder veraltet sind. Und das macht es so wichtig, eine für das jeweilige Unternehmen, richtige Methode zu finden, denn das Unternehmen und die Mitarbeiter müssen sich darin wiederfinden und sich damit identifizieren können. Dies kann den Teams nicht aufoktroyiert werden, es muss gelebt werden können.

Agile bietet einen ganzheitlichen Blick auf verschiedene Disziplinen und bereichert somit den Content. Ein 360°-Blick auf den Kunden wird gewährleistet und somit können Kundenbedürfnisse schneller erkannt werden. Abstimmungsprozesse werden auf ein Minimum reduziert, da die Verantwortlichen bereits im Team sitzen. Etwas, das eine enorme Kostenreduktion als Folge hat. Denn gemessen an der

Zeit, die manche Teams für die Korrektur eines einzigen Facebook-Redaktionsplans benötigen, steht das dafür verwendete Budget in keinem Verhältnis mehr.

Neben all diesen positiven Effekten, sticht einer besonders hervor: Geschwindigkeit. Durch die iterativen und damit schnellen Prozesse sowie der Entscheidungsbefugnis des interdisziplinären Teams kann Content mit smarten Mehrwerten zeitnah entstehen und ist nicht überholt, wenn alle Abstimmungsstufen einmal durchlaufen sind.

Die Leitfragen dabei sind: Wie arbeiten wir zusammen? Mit welchen Fähigkeiten muss das Team ausgestattet sein? Mit welchen Strukturen und Prozessen schaffen wir eine Kultur, die uns im Team schnell zu guten Ergebnissen bringt?

Ziel sollte immer sein: Die Schaffung eines Systems gemeinsamer Werte und Verhaltensweisen, das die Mitarbeiter auf die Bereitstellung großartiger Kundenerlebnisse konzentrieren lässt.

Damit ein kollaboratives Arbeiten abteilungs- und verantwortungsbereichsübergreifend funktionieren kann, muss der erste Schritt ein Verinnerlichen der unternehmenseigenen Vision sein. Die Vision ist nicht nur das tragende Element für die Marke, sondern auch für die Teams, die damit ein fundiertes Verständnis bekommen, wo die Reise hingehen soll.

4.4 Content-Infrastruktur und Aufgabenmanagement

Aufgabenmanagement für interdisziplinäre Teams

Das Content-Team muss lernen, alles zu hinterfragen, schnelle Entscheidungen treffen zu können aber auch effiziente Produktionsmechaniken an den Tag zu legen. Interdisziplinäre Teams benötigen eine sehr gute Infrastruktur für ein organisiertes, strukturiertes und effizientes Arbeiten.

Die Grafik in Kapitel eins zu einer beispielhaften Agilen Content-Strategie leitete bereits das Thema Backlog Management ein, auf das

Agenturvertreter wie Markenverantwortliche Zugriff haben können, sprich das agile Content-Team. Nehmen wir Trello als Beispiel. Hier bietet das zu erstellende Dashboard kontinuierliche Einsichten in die aufkommenden Aufgaben sowie die Entwicklung bzw. zum Stand der Dinge an. Entstandene Aufgaben werden in der ersten Spalte links eingefügt. Nimmt eine Person sich dieser Aufgabe an, wird diese per drag & drop in die nächste Spalte weiter rechts geordnet. Dem Team steht es frei, die jeweiligen Spalten frei zu benennen. Eine mögliche Benamung wäre z. B.

- Tasks
- Priorities
- Researching
- Writing & Design
- Done/Ready for Launch
- Approved

Kurze, tägliche Stand-Up-Meetings (max. 15 min) dienen sowohl der Überprüfung der Ergebnisse als auch der Identifizierung und Diskussion von Verbesserungsmöglichkeiten sowie dem Erkennen neuer Aufgaben.

Das Tolle an dieser Arbeitsweise ist, dass sie dabei hilft, sich zu konzentrieren. Ein Sprint könnte sich darauf konzentrieren, ein bestimmtes Problem mit der Navigation zu beheben oder die erste Iteration eines Style Guides zu liefern, um allgemeine Probleme zu lösen.

So können Menschen schnell von inhaltlichen Verbesserungen profitieren.

Denn nichts ist in Stein gemeißelt, sondern alles einer ständigen Optimierungsmöglichkeit ausgesetzt. Viele Marken kranken an historisch gewachsenen Präsenzen. Überall schlummern noch alte Microsites, Fanpages diverser Abteilungen oder Apps, die für eine bestimmte Zielsetzung realisiert wurden. Die agile Arbeitsweise unterstützt Unternehmen dabei, den digitalen Flickenteppich zu einem effizienten Ökosystem umzuwandeln. Stellen Sie sich folgende Fragen:

- Wie sieht Ihr digitales Ökosystem eigentlich aus?
- Wissen sie um alle Touchpoints mit Kunden?
- Welche Präsenzen sind zu welchem Zweck vorhanden?
- Sind diese zweckerfüllend oder einfach nur noch vergessene Alt-Leichen?

Content-Infrastruktur

Ein weiterer wichtiger Punkt ist die richtige technische Infrastruktur für eine effiziente Content-Distribution auf den unterschiedlichsten Kanälen mit diversen Spezifikationen je Format.

Durch die exorbitante Anzahl an Touchpoints würde ein enormes Budget benötigt oder aber schlichtweg das Aufsetzen der richtigen Infrastruktur. Denn oftmals ist die IT-Anwendungslandschaft in Unternehmen historisch gewachsen, fragmentiert und von Insel- und Schattensystemen geprägt. Die Datenhaltung ist auf diverse Systeme mit unterschiedlicher Semantik verteilt, womit ein einheitlicher Blick auf einen Kunden problematisch und damit die kosteneffiziente und agile Content-Produktionen unmöglich ist. Die Komplexität der IT-Realisierung spiegelt sich – bis zu einem gewissen Grad – in der Komplexität der Organisation wider.

Es ist eine Lösung erforderlich, die sowohl dem jüngsten Stand der Technik und den Anforderungen an eine moderne Organisation sowie der Unternehmenskultur entspricht.

Aktuell werden viele Unternehmensinhalte in klassischen CMS (Content-Management-Systeme) Raster gebündelt und ausgespielt, wonach Datenstrukturen zentrisch gebündelt werden. Denn diese bestehen in der Regel aus drei Komponenten: dem technischen Backend, den Autoren bzw. der Administrationsoberfläche und dem Frontend. Alle drei Komponenten sind üblicherweise zu einer gemeinsamen Basis gekoppelt.

Nehmen wir Medienunternehmen wie Tasty oder Tastemade als erfolgreiche und hocheffiziente Beispiele für Content-Distribution auf unterschiedlichsten Plattformen: Desktop, mobile Anwendungen sowie hybride TV-Dienste.

So wurde das in 2012 gestartete amerikanische Medienunternehmen Tastemade schnell zu einem der erfolgreichsten Kochformate und ist aus der Medienwelt kaum mehr wegzudenken.

Was dieses Unternehmen für mich so faszinierend macht, ist das tiefe Verständnis für kosteneffiziente Lösungen mit maximaler Leistung. Diesem Multi-Channel-Netzwerk gelingt es über 20 Mio. Zuschauer (Statista 2016) im Monat zu begeistern, auf unterschiedlichsten Plattformen wie Apple TV, Pinterest, Periscope, Roku, Facebook, Instagram, Snapchat und erreichen damit nahezu 100 Mio. Nutzer (Recode 2017).

Das Geheimnis sind gute Content-Infrastrukturen, für die es je nach benötigtem Umfang unterschiedliche Lösungen gibt. So kann z. B. eine effiziente Content-Datenbank mit einem Headless CMS (vollständiges CMS bei dem alle Komponenten entkoppelt aber kombiniert sind – nach wie vor kann man aber nur über Schnittstellen miteinander kommunizieren) und einem Decoupled CMS (Aufgaben werden auf unterschiedliche Systeme aufgeteilt) aufgesetzt werden, die so modular aufgebaut ist, dass Inhalte sehr schnell für unterschiedlichste Plattformen ausgespielt werden können. Denn bei einem Decoupled CMS werden diese Aufgaben auf unterschiedliche Systeme aufgeteilt. Das eigentliche CMS wird „kopflos", das technische Backend, die Autoren bzw. die Administrationsoberfläche und das Frontend werden voneinander getrennt.

Dies bedeutet, dass die Inhaltsverwaltung weiterhin über das CMS abgedeckt wird, aber die Ausgabe der Daten über eine andere Applikation erfolgt, beispielsweise über einer auf JavaScript basierten Frontend-App. Die verwendete Technologie spielt dabei eine weniger wichtige Rolle. Die zur Verfügung gestellten Daten können in völlig unterschiedlichem Kontext verwendet werden und das ist genau der Clou an der Sache.

Statt alle erforderlichen Informationen im Main Body zu zentralisieren, wird hier Content in kleine Einzelteile zerlegt, um sie später geschickt miteinander kombinieren zu können. Die zahlreichen Unterkomponenten ergeben zwar das gleiche Bild, das allerdings nachfolgend viel flexibler zusammengesetzt werden kann.

Der modulare Aufbau beinhaltet z. B. Zitate, Autorenprofile, Bilder, Codeblocks, Videos, Widgets usw. Die verschiedenen angelegten Schablonen können so von unterschiedlichen Mitarbeitern zu vielseitigen Content-Formaten entwickelt werden. Und zwar ohne, dass ein Designer oder technischer Entwickler immer wieder aktiv werden muss. Mit der richtigen Infrastruktur sind die Redakteure Herr dieses Content-Universums, um Medieninhalte schnell und effizient an die richtigen Touchpoints zu distribuieren.

4.5 Das Content-Markenrad

Die zuvor beschriebenen Parameter bedienen die generelle Zusammenarbeit – von Bedeutung ist aber auch die inhaltliche und strategische Ebene. Damit interdisziplinäre Teams erfolgreich agil arbeiten können, um eine spannende, nahtlose und schneller Customer Experience an den Tag legen zu können, brauchen die Teams ein starkes Fundament, auf dessen Basis sie arbeiten können. Denn iterativ und interdisziplinär darf nicht im verwirrenden Chaos münden. Nach wie vor lebt eine Marke von Stringenz und Ganzheitlichkeit.

Das skizzierte Content-Markenrad in Abb. 4.6 zeigt ein System von gemeinsamen Werten und Arbeitsweisen, mit dem alle Mitarbeiter das Thema Customer Experience leben können.

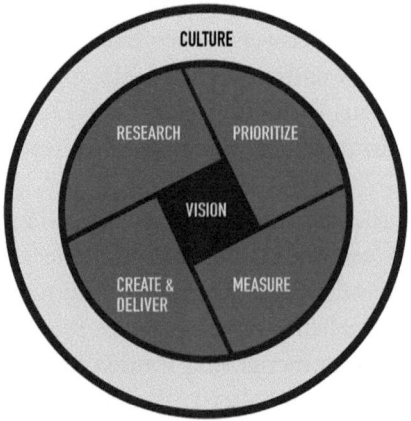

Abb. 4.6 Content-Markenrad. (Quelle: Petifourt)

- **Research** ist das A & O für das meiste, das wir in diesem Buch bislang gelesen haben. Es wird im nachfolgenden Abschnitt detaillierter aufgegriffen. Verstehen Sie Ihre Kunden genau und kommunizieren Sie dieses Verständnis an Mitarbeiter und Partner (siehe Abschn. 4.5).
- **Focussing:** Das Fokussieren hilft, nicht alles von einer Marke erzählen zu wollen, sondern das, was für den jeweiligen Adressaten von Belang ist. Konzentrieren Sie sich auf das Wichtigste für die Erfahrung Ihrer Kunden und den Erfolg Ihres Unternehmens.
- **Create & Deliver** bedeutet in diesem Fall konsumentenzentrierte Umsetzung. Kreieren Sie auf der Grundlage Ihrer Vision sowie der Research-Ergebnisse eine Experience auf unterschiedlichsten Plattformen.
- **Enable:** Stellen Sie Mitarbeitern und Partnern die Ressourcen zur Verfügung, die sie benötigen, um die Vision auch umsetzen zu können, denn sonst wird sie zu einem nicht ernst zu nehmenden Gebilde.
- **Measure:** Quantifizieren Sie Ihre Ziele und verknüpfen Sie diese mit den Gesamtmetriken der Marketingaktivitäten.
- **Culture:** Und das alles funktioniert nur, wenn es in der Kultur des Unternehmens verankert ist.

Mit der Vision hält sich die Marke vor Augen, was erreicht werden soll, um dann den Lösungsansatz, die passende Methodik und die Teamzusammenstellung anzugehen. Auf das Thema Vision wird im nächsten Abschnitt etwas detaillierter eingegangen, da dies eine wichtige Rolle spielt, um zukunftsweisende Content-Konzeptionen realisieren zu können.

Die Vision

Von allen „Vermögenswerten", die ein Unternehmen besitzt, ist seine Marke die wertvollste. Der Grund dafür ist einfach: Eine Marke ist der einzige Unternehmenswert, der nie abgeschrieben werden muss. Patente verfallen, Software veraltet, Gebäude bröckeln, Dächer werden undicht, Maschinen verschleißen und Mitarbeiter gehen. Aber eine gut geführte Marke kann Jahr für Jahr an Wert gewinnen.

Welch wichtige Rollen dabei Mission Statement (Leitbild) und die Value Proposition (Werteversprechen) spielen, ist gemeinhin bekannt. Die Vision allerdings ist das elementare Werkzeug für agile Content-Produktion, sprich eigenverantwortliches Arbeiten in schnellen Releasezyklen. Sie hält alles zusammen und bildet den allumfassenden Kern.

Eine Vision sieht nach vorne und schafft ein mentales Bild des Idealzustandes, den die Organisation erreichen will. Sie ist inspirierend und anspruchsvoll und sollte die Mitarbeiter herausfordern. Fragen, die bei der Erstellung von Vision Statements zu berücksichtigen sind, können sein:

- Welches Problem wollen wir lösen?
- Wo gehen wir hin?
- Wenn wir alle strategischen Ziele erreicht hätten, wie würden wir in 10 Jahren aussehen?

IBM strebte eine neue Vision durch eine recht interessante Frage an alle Mitarbeiter an: „Wenn IBM heute Abend verschwinden würde, wäre die Welt morgen anders?" (WARC 2011).

Diese Frage führte zu einem echten Verständnis des Unternehmenscharakters von IBM und nachfolgend zu einem neuen Leitbild. Jon Iwata, IBM SVP of Marketing and Communications, sagte, dass die Unternehmenswerte, sprich „alles, was wir tun und jede Entscheidung, die wir im Namen des Unternehmens treffen, prägen", einschließlich der daraus resultierenden „Smarter Planet"-Positionierung, die durch diesen Prozess einen großen Teil des Wachstums des Markenwerts angetrieben hat.

Zum Erfolg von IBM hat natürlich noch viel mehr beigetragen aber die neu entwickelte Vision „Smarter Planet" hat eben eine maßgebliche Richtung und Inspiration geboten. Ein breites Fundament an Forschung (Research), viel Kreativität sowie harte Arbeit haben dazu beigetragen, diese Idee aufleben zu lassen.

Die Idee des ‚Smarter Planet' lässt sich für nahezu alle Bereiche schon heute in die Tat umsetzen. Ob Wasser, Energie, Nahrungsmittelketten, Verkehrssteuerung, Gesundheit oder öffentliche Sicherheit, um nur einige zu nennen, – unsere Service- und Produktangebote werden konsequent in ihrer Ausrichtung auf die Wirkung im Gemeinwesen ausgerichtet. Sam Palmisano, IBM CEO and chairman: „Let's seize this opportunity to create more and better jobs, cultivate valuable skills, and not simply repair but prepare our economy for the 21st century" (IBM).

Die Vision ist nun ein Level höher angesiedelt. Sie bietet ein gemeinsames Ziel, das alle für erstrebenswert halten und sie somit an einem Strang ziehen lässt. Die Vision agiert wie eine gemeinsame Philosophie. Es hilft eine Kultur an den Tag zu legen, die nach ständiger Optimierung strebt und Stillstand nicht duldet. Es stellt für alle Mitarbeiter dar, wofür Sie im Unternehmen stehen und warum Sie ein Teil dieses Unternehmens sein wollen. Es ist das wichtigste Werkzeug, um alle „auf die gleiche Seite" zu bringen.

Und so bilden Vision und Kultur den inneren und äußeren Kreis, um ein Unternehmen gut zu verankern. Diese beiden elementaren Parameter beinhalten alle notwendigen Schritte, um schnell, agil und präzise zu arbeiten – sodass auf Veränderungen schnell reagiert werden kann, und diese dankbar angenommen werden können.

Vision oder Markenkern?
Im Laufe der Zeit stellte sich mir manchmal die Frage: Vision vor Markenkern? Den Markenkern zu berücksichtigen, um ein konsistentes Markenbild zu gewährleisten, ist sicherlich essenziell. Jedoch erlebe ich zu oft, wie sehr dies zu Einschränkungen und damit zur Stagnation führen kann. Viele Unternehmen „verstecken" sich hinter ihrem Markenkern, um bloß nicht zu mutige und innovative Entscheidungen treffen zu müssen. Alles wird einem Kern, einem Status quo untergeordnet, nicht aber einer visionären Zielführung.

Möchte eine Marke aber kontinuierlich Mehrwerte einer sich ständig wandelnden Welt generieren, darf sie sich dem nicht hingeben. Also, Markenkern ja, aber nicht als Ausrede für zu wenig Mut. Der Markenkern sollte immer an eine vorausblickende Vision geknüpft sein.

Denn in Anbetracht der umfassenden und gewinnbringenden Potenziale, die mit Content einhergehen, ist es als Marke hilfreich, sich verstärkt mit der Frage zu beschäftigen: Was ist unsere Vision für die Marke? Und nicht: Wo stehen wir jetzt? Sondern eben: Wo soll die Reise hingehen? Denken Sie ein paar Schritte weiter. Wie können Sie den Bedürfnissen Ihrer Zielgruppen gerecht werden, im besten Fall diese sogar erkennen, noch bevor die Menschen sie selbst erkennen.

Von der Vision zu einer etablierten Kultur
Eine gute Vision darf nicht theoretischer Natur bleiben. Das Unternehmen, die Mitarbeiter müssen diese leben und mit jeder Faser ein- und ausatmen. So kann eine authentische Kundenzentrierung entstehen, und die in eine automatisierte Experience mündet.

Es sind vor allem die kleinen Dinge, die Kunden in Erinnerung bleiben. Nehmen wir Ritual Cosmetics als Beispiel. Beim Betreten des Shops bekommt man einen heißen Tee serviert. Ich war ganz entzückt, dass dies auch in den Büroräumen bei Geschäftsterminen als Ritual eingehalten wird und siehe da, es blieb mir positiv in Erinnerung.

Wenn Mitarbeiter eine Customer Experience nicht nur verfolgen, weil die Unternehmensstrategie dies in einem Papier vorschreibt, sondern weil sie davon überzeugt sind, bekommt das Unternehmen eine neue Dimension. Ob Mitarbeiter, Versicherungsvertreter, die Servicehotline, eine Kassenkraft, Verkäufer, Berater – sie alle sind Customer Touchpoints eines Unternehmens …

Es macht einen enormen Unterschied, ob sie glauben, das Richtige zu tun, oder ob sie etwas tun, weil man es ihnen aufgetragen hat. Daher sind Kultur und Unternehmensvision ganz eng miteinander verbunden: Es sind der innere und äußere Kreis, die alles zusammenhalten. In der Mitte ist die Umsetzung. Diese kann noch so gut sein, da können Agenturen das beste Konzept verkauft haben, solange der innere Kern und der äußere Kreis dies nicht gemeinsam ausleben, werden Ziele nicht zum Erfolg führen. Daher ist das Umfeld, das Sie Ihren Mitarbeitern zur Verfügung stellen, um eine brillante CX zu realisieren, maßgeblich.

Wenn die Vision einmal steht, wie implementiert man diese in die Praxis, damit sie sich in ihrer kleinstmöglichen Form innerhalb der Customer Experience wiederfindet? Wie kann man eine Vision auf die Zielgruppen herunterbrechen und wie entfaltet sie sich im noch so kleinsten Content-Format?

Indem Zielgruppen in User Storys übersetzt werden und Customer Experience in Story Mapping. Denn egal, in welcher Phase wir uns befinden: It´s always a story!

Und so gelangen wir zur Umsetzung bzw. zum Prozess innerhalb der agilen Arbeitsweise. Wir starten mit einer klassischen Basis und entwickeln Hypothesen, die sich aus Recherchen, Interviews, Datenanalysen, Testings, Fokusgruppen, Workshops und Agenturerfahrung entwickeln lassen und Annahmen über Zielgruppe, Wettbewerb und Markt ergeben. Die wichtigsten Kennzahlen und Ziele werden definiert. Wenn noch nötig auch die *Value Proposition* (siehe Abschn. 4.5).

Für eine gute Customer Journey, die tatsächlich auch das Kundenerlebnis beeinflusst, gilt, sich die richtigen Fragen zu stellen, um aus den Antworten eine exzellente CX zu bauen. Flashing out that roadmap.

Ist dieser Part erledigt, gelangen wir in einen fortlaufenden und iterativen Prozess.

Ein sogenanntes Backlog-Management, wie z. B. Trello, nutzen wir, um kontinuierlich neu aufkommende Aufgaben zu notieren und erledigen zu können, mit maximaler Transparenz für das gesamte Team.

4.6 UX Research – „Wissen ist Macht"

„Wissen ist Macht" – eine Aussage, die wir alle kennen. Und doch sparen die meisten Unternehmen erstaunlicherweise genau daran. Forrester Research konstatierte in einer Studie mit 300 Marken unterschiedlichster Branchen und Daten von 120.000 Online Nutzern, dass 81 % eigentlich keine *Research* zur Etablierung einer gesunden Customer Experience betreiben (Forrester Research 2017).

Dies erlebte ich in kleinen Projekten genauso wie in sehr grundlegenden, langfristigen Kooperationen. Aber in dieser wesentlichen Phase sollte man die Investition nicht scheuen, da sie im Nachgang Einsparungen bedeuten kann. Wer hier bereit ist, Geld auf den Tisch zu legen, wird mit Erfolg belohnt!

Doch lediglich Daten zu sammeln, ist genauso unzureichend, wie etwa einfach nur Personas zu kreieren – denn es geht um Menschen! Research ist also keine einmalige Angelegenheit, sondern fest verankert in dem hier vorgestellten iterativen Prozess. Man lernt nie aus! Es gilt, den Kontext dessen zu verstehen, was Menschen tun.

In der Kombination liegt die Kraft
Marktforschung und Marktanalyse zielen traditionell darauf ab, das Umsatzwachstum eines Unternehmens zu verbessern, indem Daten erfasst und gesammelt werden. Diese Daten ermöglichen es den Teams, das „Wer" und das „Was" der Verbraucherlandschaft zu verstehen und die Entscheidungsfindung rund um Branding, Vertrieb und Marketing zu beeinflussen. Die UX-Forschung hingegen zielt darauf ab, das Endergebnis eines Unternehmens zu verbessern, indem sie hilft, die Bedürfnisse der Benutzer zu verstehen. In den meisten Fällen wird dies dadurch erreicht, dass man beobachtet, wie sich die Benutzer auf natürliche Weise mit einem bestimmten Produkt beschäftigen, was eine informierte und benutzerzentrierte Entscheidungsfindung rund um das Benutzererlebnis ermöglicht.

Oftmals überlappen sich beide Bereiche und können nur bedingt klar voneinander getrennt werden. Daher sollte die Wahl einer Methode letztlich vom Forschungsbedarf bestimmt werden, da viele der Forschungsmethoden sowohl von der Markt- als auch von der UX-Forschung eingesetzt werden. Abb. 4.7 veranschaulicht, in welchen Bereich bestimmte Kennwerte fallen und wo es Überschneidungen gibt.

Ihr Wissen über den Kunden muss weit über die Grenzen traditioneller Servicekriterien hinausgehen. Das wahre Verständnis deren Bedürfnisse, Wünsche und Erwartungen ist der Schlüssel zur Schaffung personalisierter Interaktionen. Wie wir festgestellt haben, bietet das „Zuhören" einen elementaren Schlüsselerfolg. Mittels dieses kundenzentrierten Ansatzes können Unternehmen das Kundenerlebnis bewerten und sofort Bereiche identifizieren, in denen die Kundenerwartungen erfüllt werden (oder nicht).

Nun kommt noch das Design-Thinking ins Spiel. Unternehmen wie Airbnb verankern auf den Nutzer fokussierte Designlösungen in der gesamten Unternehmenskultur. Wenn „Design Thinking" über

4 Den Warp-Antrieb für Content aktivieren

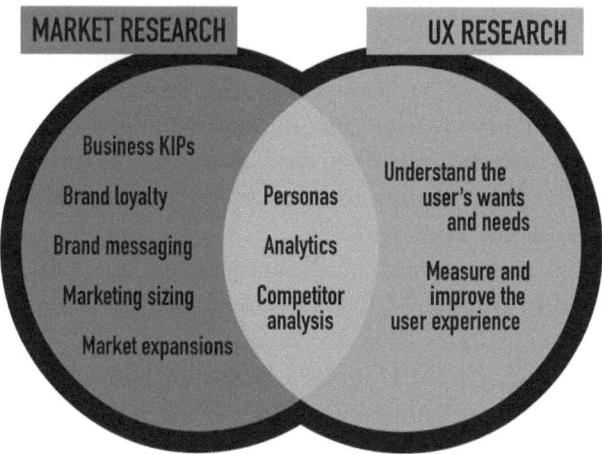

Abb. 4.7 Kennwerte von Markt- sowie UX Forschung. (Quelle: Petifourt)

alle Bereiche hinweg integriert wird, schaffen Unternehmen an allen Berührungspunkten zwischen Kunden und Unternehmen eine einheitliche und konsistente Customer-Experience. Der Erfolg stellt sich dann ganz von alleine ein: Die Benutzerfreundlichkeit der Seite steigt, das Design bleibt up to date und das Markenversprechen wird jederzeit eingelöst. Ein Weg, den neben Airbnb viele andere Web-Größen bereits beschreiten.

Um ein erstes Wissen über Konsumenten zu generieren, liegen uns verschiedene Methoden vor, die von qualitativer bis quantitativer Forschung reichen. Kombiniert mit der Datenanalyse der Online-Kanäle ergibt sich ein guter Rundumblick. Spannend wird es, wenn die unterschiedlichen Möglichkeiten zusammengebracht und in iterativen Prozessen kontinuierlich weiter gelernt werden.

Denn eigentlich wissen die meisten Unternehmen schon sehr viel mehr über ihre Kunden, als sie annehmen. Das Wissen, was einzelne Abteilungen sammeln, muss nur einmal zusammengebracht werden.

Kreativ konzipierter Content kann eine fantastische Ergänzung zu Interviews oder Mixed Panels darstellen, die eher unter Laborbedingungen durchgeführt werden. Der Content kann subtil per Post Ad z. B. die Reaktion auf ein Thema beobachten. Wie ist die Klickrate, wie die Konvertierung auf der Zielseite? Oder aber man triggert Themen bewusst über Content-Kampagnen an und analysiert nachfolgend per Social Listening die Reaktionen darauf. Social Listening beschreibt eine Methode, die mithilfe von Tools identifiziert, analysiert und bewertet, was über ein Unternehmen, ein Produkt, eine Marke oder eine Einzelperson im Internet sowie in den sozialen Medien geschrieben und diskutiert wird.

Interessant ist Content auch im Zusammenhang mit Zukunftsthemen. Nehmen wir die Automobil-, Energie- oder Bankenbranche. Hier stehen Zukunftsthemen hoch im Kurs. Doch was sind Hypes und was sich fest verankernde Trends? Welche Themen können schon umgesetzt werden und wo gilt es, zuvor Aufklärungsarbeit zu leisten, weil noch zu große Unsicherheiten bestehen?

Zuhören und Testen sind hierbei die zwei großen Parameter. Mithilfe eines umfassenden Influencer Screenings sollten Unternehmen Meinungsführern zuhören und wichtige Aussagen filtern. Die Ergebnisse können in Content-Kampagnen übersetzt werden, die beispielsweise die Akzeptanz verschiedener Themen bei zuvor definierten Konsumentengruppen testen.

Im Kap. 3 „Content als Währung begreifen" finden wir bereits einige Beispiele dafür, wie kreativ Research betrieben werden kann – diesem sind keine Grenzen gesetzt. Es verdeutlicht, wie valide und vor allem ganzheitliche Ergebnisse erzielt werden können, indem man sie mit fantastischen Content-Kampagnen ummantelt. Marken haben somit Marktforschung und Awarenesskampagnen zugleich – eine brillante Einsparung.

An Erwartungen vorbei zu arbeiten, ist ein teures Unterfangen
Research ist leider meist der erste Part, an dem gekürzt und eingespart wird. Doch es ist ein entscheidender Part, um nicht an den Erwartungen der Kunden und Konsumenten vorbei zu arbeiten. Die Automobilindustrie macht es aktuell sehr schön vor. Der Invest in smarte Technologie ist enorm. 49 % der Autohersteller haben bereits mehr als 250 Millionen US-Dollar in Smart Factories investiert (Capgemini 2018).

Auf der einen Seite kann die Automobilindustrie laut einer Studie von Capgemini (2018) mit Produktivitätszuwächsen im Wert von 160 Mrd. US$ pro Jahr ab 2023 rechnen, wenn sie in Smart Factories investiert und digitale Technologien im gesamten Produktionsprozess einsetzt.

Automobilhersteller sind stolz auf ihre Connected Services, die entsprechend Bestandteil nahezu jeder Kampagne sind. Und dennoch: Laut einer Studie von Kantar TNS gelingt es ihnen bisher nicht ausreichend, die Besitzer vom Nutzen der neuen Features zu überzeugen, und dies trotz der hohen Investitionen der Hersteller in diesen neuen Markt. Die Studie will herausgefunden haben, dass die Diskrepanz zwischen der Anzahl der Connected-Car-Besitzern und dem tatsächlich wahrgenommenen Nutzen dieser Technologien sich auf rund 47 % beläuft – was enorm wäre. Heißt: Nahezu 47 % der Besitzer von Pkws mit Connected-Car-Ausstattung wissen nicht einmal, dass diese Ausstattung ihren Wagen als Connected Car qualifiziert (Kantar TNS 2018).

Viele Nutzer eines Connected Cars sehen die Technologie als optionales Extra und eben nicht als sinnvoll eingebundenen Teil des Autos. Gemessen an der Rolle, die die Technologie und Konnektivität für Nutzen, Leistung und Sicherheit eines Pkws spielen können, gibt es also eine enorme Wissenslücke der Nutzer über die Connected Features. Entsprechend gering ist die Zahlungsbereitschaft der Kunden für diese Dienste. 52 % der Deutschen sind nicht gewillt, für die Infotainment- und Navigationsdienste im Connected Car zu bezahlen. Für Entertainment-Dienste im Connected Car zeigen gar nur 28 % der Deutschen eine Zahlungsbereitschaft: Sie bevorzugen klar ihre bekannten Apps via Smartphone gegenüber fest installierten Systemen.

Winfried Hagenhoff, Geschäftsführer von Kantar TNS Automotive, bringt das Problem auf den Punkt, indem er von einer Diskrepanz spricht, nämlich „dem technisch von Herstellern realisierten Angebot an Connected Car Features gegenüber dem, was die Verbraucher erwarten, nutzen und zahlen möchten".

Mit Data Creativity und Content-Kampagnen könnte ein Zusammenspiel von Connected Features, Nutzern und Automobilherstellern ermöglicht werden, um eine nahtlose Kommunikations- und Zuhörkette zu bilden. Dann hätten die Unternehmen das Wissen, was die eigenen Kunden beschäftigt, und könnten entsprechend nachjustieren.

Steigern Sie die Kundenzufriedenheit, steigern Sie den Geschäftserfolg – es ist genauso einfach, wie es klingt.

Den Menschen ins Zentrum bringen – durch User Storys statt Zielgruppen
Durch *Research* lernen wir sehr viel und gewinnen fantastischen Input, um unsere Zielgruppen bestmöglich zu beschreiben. Es hilft uns vor allem, über das Thema Personas hinauszugehen und die Menschen in sogenannten User Storys aufleben zu lassen. User Storys bilden das Fundament für die agile Content-Produktion und die Entwicklung von Content mit Mehrwert.

Klassische Personas reichen nicht mehr aus, um relevanten Content entstehen zu lassen. Dafür ist Relevanz eine viel zu individuelle Größe. Personas sind Nutzermodelle, die Personen einer Zielgruppe in ihren Merkmalen charakterisieren.

Der Wertewandel setzt die Gesellschaft immer wieder neu zusammen. Die Frage „Wie wollen wir leben?" wurde im Verlauf des Jahrzehnts stetig bedeutsamer und ist eng mit der Frage verknüpft, wie und was wir konsumieren (wollen). Das bedeutet, dass sich Konsumwünsche nicht mehr wie zu Beginn der 1990er Jahre holzschnittartig mit Alter, Einkommen und Herkunft erklären und voraussagen lassen. Allein der Megatrend „Individualisierung" hat neue Lebensformen hervorgebracht, die in keine der klassischen Schubladen passen. Fragmentierte Biografien, neue Familienformen und veränderte Rollenzuteilungen bei Mann und Frau haben alte Gesellschaftsmuster aufgelöst und neu zusammengesetzt. Aus den veränderten Lebensbedingungen ergeben sich zwangsläufig neue Bedürfnisse und Notwendigkeiten, die auch neue Anforderungen an die Konsummärkte verursachen (Wenzel 2017).

Die unterschiedlichsten Erfahrungen begleiten unser Leben und beeinflussen uns. Wir entwickeln uns dabei ständig weiter. Und so darf auch eine User Story keinen Stillstand erfahren. Wenn man wie ich als Stratege für zig unterschiedliche Kunden arbeitet, hat man mit der Zeit Déjà-vu-Erlebnisse und gewinnt immer wieder den Eindruck, es gäbe Zielgruppenanalysen aus dem Katalog, statt spezifisch auf die Marke ausgerichtete Forschung. Trendige urbane Hipster, die DIY lieben und selbstbestimmt leben, waren eine Zeitlang als Zielgruppen-Cluster schwer in Mode. Egal, ob diese nun wirklich zur Marke passten oder nicht. Der Typus klang auf jeden Fall ziemlich gut und ließ sich wohl entsprechend nett verkaufen. Für Marken ist die Definition aber wenig zielführend. Das A&O für Unternehmen ist es, Kunden und künftige Konsumenten wirklich zu kennen.

Wenn interdisziplinäre Teams erfolgreich zusammenarbeiten sollen, benötigen sie ein gemeinsames Ziel – die Vision –, aber auch eine gemeinsame Sprache. Benutzergeschichten schaffen ein gemeinsames Vokabular und helfen, die Kluft zwischen den Disziplinen zu überbrücken.

Das Team arbeitet nicht gleichzeitig, sondern sequenziell. Das bringt die richtigen Leute zur richtigen Zeit zusammen. Ein Redakteur kann sich mit einem Entwickler zusammenschließen, um ein Content-Modell zu erstellen, oder mit einem Fachmann, um eine Anleitung zu schreiben.

Wenn wir so vorgehen, ist die Qualität unserer Arbeit höher und wir liefern schneller.

User Storys sind das Herzstück von agile und kommen ursprünglich aus der Software-Entwicklung. Sie beschreiben eine kundenzentrierte Art und Weise, wie Aufgaben zu erledigen sind. Es ist die populärste Technik, um die Produktfunktionalität in einem agilen Kontext zu erfassen.

Dabei ist die User Story das kleinteiligste Element: Sie beschreibt die kleinste mögliche Aufgabe, die ein Nutzer mit dem System erledigen kann.

Die Struktur ist simpel gehalten:

> Als < **Benutzer**> möchte ich < **Aktion**>, um <**Ergebnis**> zu erzielen.

Das Schöne und sehr Sinnvolle an der Ich-Form, ist, dass man sich automatisch in die beschriebene Rolle hineinversetzt.

Im Marketing wird man beauftragt, neue Kampagnen zu entwickeln, eine neue Blogserie zu schreiben oder Social-Media-Kanäle zum Leben zu erwecken – meist mit recht wenig Kontext. Die Frage, warum wir dies tun, bleibt oftmals auf der Strecke bzw. es werden sehr oberflächliche Ziele genannt. Die Zielgruppe, die es zu adressieren gilt, wird meist nur angekratzt.

Wenn dies passiert, erhalten wir ergebnislosen Content, der nahezu keinen ROI hervorbringt. Was zwischen uns und diesem „Desaster" steht, sind agile User Storys.

Den Content anhand der User-Story-Parameter zu konzipieren, hilft, sich zu fokussieren. Es auf diese drei Elemente „Benutzer", „Aktion" und „Ergebnis" herunterzubrechen, lässt einem nicht die Freiheit, sich in der Masse zu verlieren. Denn alle Inhalte werden exakt auf den entsprechenden Konsumenten adaptiert.

User Storys vermeiden die Falle, in die Unternehmen sehr gerne tappen: nämlich alles von der Marke erzählen zu wollen. Alles erscheint relevant und soll dem Konsumenten am besten auf allen Kanälen erzählt werden. Penetranz statt Relevanz.

Doch was möchte der User hören? Welche Botschaft wird er hören?

Wie in den vorherigen Kapiteln ausgeführt, spielt das Thema Relevanz eine übergeordnete Rolle. Es beeinflusst Algorithmen der jeweiligen Plattformen enorm, wie auch die Fähigkeit von Menschen, eine Botschaft aufzunehmen.

Relevanz setzt sich aus individuellen Faktoren zusammen: Bedürfnisse, Erfahrungen, Persönlichkeit … Diese zu treffen und dann auch richtig zu kommunizieren, damit der Empfänger sie hört und aufnehmen kann, bedarf einer bestimmten Codierung. Hier sei das altbewährte Sender-Empfänger-Modell nach Stuart Hall und Warren Weaver genannt. Das Sender-Empfänger Modell basiert auf dem Kommunikationsmodul von Claude E. Shannon und Warren Weaver (1949): „The Mathematical Theory of Communication" und gilt bis heute als Standardwerk.

Damit eine Nachricht eindeutig verstanden wird, müssen Sender und Empfänger die gleiche Codierung und Decodierung verwenden. Ansonsten kommt es zu Störungen in der Kommunikation und man kann beispielsweise unter einem Begriff etwas Unterschiedliches verstehen.

Damit also der jeweilige Empfänger eine Botschaft als für ihn relevant einstufen kann, muss diese richtig *codiert* sein. Den richtigen Code zu finden, gelingt durch Wissen über den Empfänger.

Wenn wir Benutzergeschichten richtig einsetzen, dienen sie als Werkzeug für ein gemeinsames Verständnis innerhalb des crossfunktionalen Teams. Im Idealfall bekommen die einzelnen User Storys Namen und sind ständige Teammitglieder. So habe ich es einmal in einem führenden deutschen Telekommunikationskonzern erlebt und als erfrischend effektiv empfunden. Gleichzeitig bestärkt es das Team, Fragen zu stellen und zu diskutieren, wie die benötigten Nutzerbedürfnisse tatsächlich aussehen könnten. In meinen Augen sprechen und diskutieren wir viel zu wenig über die Anforderungen. Durch das Kommunikationsversprechen und die nicht komplett fertige Story werden Teams quasi dazu gezwungen – und das ist auch gut so! Fühlen Sie sich frei und diskutieren Sie! Natürlich erst zu dem Zeitpunkt, wenn Sie diese Story auch umsetzen wollen.

Hinterfragen: Die 5 „Warums"
Machen sie einfach mal den Test und brechen Sie das Ziel Ihres Tuns fünfmal herunter:

1. Warum tun wir dies? Antwort →
2. Warum tun wir dies? Antwort →
3. Warum tun wir dies? Antwort →
4. Warum tun wir dies? Antwort →
5. Warum tun wir dies? Antwort

Darüber hinaus bringt dies uns dem schwer fassbaren Zustand der strategischen Ausrichtung näher, den wir alle anstreben. Die theoretische Strategie wird plötzlich sehr lebendig.

Das Schöne an User Storys ist, dass sie nicht einfach nur für einzelne Content-Stücke geeignet sind, sondern genauso für die übergreifende Content-Strategie. Gute User Storys lassen die Strategie wendiger werden. Warum?

Nehmen wir einmal an, es soll eine Fitness-Kampagne für junge Mütter, die zu Hause bleiben, erstellt werden. Es gilt, Awareness für ein neues Trainingssystem zu entwickeln.

> Als junge Mutter möchte ich gerne wissen, wie ich Fitnessaktivitäten in meinen Alltag einbauen kann, um mich in Form zu bringen, sodass ich keine wertvolle Zeit mit meinen Kindern verliere.

Diese Form der Benutzergeschichten bringt kurz und knapp auf den Punkt, was die Zielgruppe möchte. Weiterentwickelt kann sie nicht nur zu wertvollen Erkenntnissen und zum richtigen Content führen, sie kann auch den Bedarf weiterer Funktionen oder Produkte aufdecken.

Variiert man die Parts um „ich brauche/ich möchte" sowie „damit, ich kann", stößt man automatisch auf neue mögliche Ansätze.

> Als junge Mutter möchte ich gerne eine Illustration sehen, die mir verschiedene Übungen demonstriert, damit ich während des Kochens Fitness machen kann.

So wird ein spezifischer Zweck des Inhalts widergespiegelt, der nach wie vor hervorragend in die übergreifende Content-Strategie passt.

Solche User Storys bedürfen ein wenig Übung, denn es ist keine gewohnte Art, Themen (oder Content-Marketing-Strategien) zu schreiben. Aber der neue Blickwinkel, den es erzeugt, ist sehr wertvoll.

Nach ein paar Versuchen stellt man sicher fest, wie viel zielgerichteter die Inhalte werden.

Die sechs INVEST-Kriterien, ursprünglich von Bill Wake entwickelt, sind gute Ankerpunkte, um eine gute User Story zu schreiben. Denn das INVEST-Akronym gibt an, wie eine User Story sein sollte:

- Independent (User Storys sollen voneinander unabhängig)
- Negotiable (User Storys sollen verhandelbar sein)
- Valuable (User Storys haben immer einen (Mehr-)Wert und sind nicht Mittel zum Zweck)
- Estimated (User Storys sind eine erste Einschätzung)
- Sizable (eine User Story hat immer die richtige Größe, damit sie auch in einem Sprint bearbeitet werden kann) und
- Testable (durch Tests kann eine User Story überprüft werden)

Ihr Transfer in die Praxis

- Hinterfragen Sie sich selber: Denken Sie in Silos? Denkt Ihr Unternehmen in Silos? Höchste Zeit, das aufzubrechen und miteinander zu kommunizieren.
- Wer soll an Ihrem agilen Content-Team beteiligt sein? Suchen Sie sich ein interdisziplinäres Team zusammen.
- Verinnerlichen Sie die Kernstücke und Prinzipien der agilen Content-Produktion.
- Vernachlässigen Sie niemals den Research-Anspruch.
- Entwickeln Sie User Storys für Ihre Kunden – das ist am Anfang etwas ungewohnt, aber Übung macht den Meister.
- Stellen Sie sich öfter mal die Fünfmal-Warum-Frage und seien Sie gespannt auf die Erkenntnisse.
- Seien und bleiben Sie immer experimentierfreudig. Immer!

Literatur

Capgemini. (2018). Studie „Automotive Smart Factories: Auto-Hersteller am Steuer der digitalen industriellen Revolution.
Digital BCG. (2017). Boosting Performance Through Organization Design. https://www.bcg.com/de-de/publications/2017/people-boosting-performance-through-organization-design.aspx. Zugegriffen: 02. Juni 2018.
Forrester Research. (2017). The customer experience leadership gap.
Gothelf, J. (2017). Lean vs Agile vs Design Thinking, Sense and Respond Press.
IBM. Sam Palmisano. https://www.ibm.com/smarterplanet/us/en/. Zugegriffen: 20. Apr. 2018.
Kantar TNS. (2018). Studie „Connected Cars. Disconnected owners".
Nichols, K. (2017). http://kevinpnichols.com. Zugegriffen: 02. Juni 2018.
Pauers, M. (2016). Macht Agilität Manager überflüssig? https://www.teamprove.de/blog/macht-agilitaet-manager-ueberfluessig-unternehmenskultur-teil-3. Zugegriffen: 14. Jan. 2018.
Recode. (2017). Tastemade CEO Larry Fitzgibbon and Eater Editor at Large Helen Rosner on Recode Media. https://www.recode.net/2017/8/7/16108216/transcript-tastemade-food-video-podcast-ceo-larry-fitzgibbon-eater-editor-helen-rosner-recode-media. Zugegriffen: 14. Jan. 2018.

Statista. (2016). Leading media publishers. https://www.statista.com/statistics/536519/leading-media-publishers-social-media-followers-us/. Zugegriffen: 14. Jan. 2018.

WARC. (2011). How IBM rebuilt its brand around „Smarter Planet", https://www.warc.com/content/article/151012/95517. Zugegriffen: 20. Juni 2018.

Wenzel, E. (2017). Konsument 2030: Vier Thesen zur Zukunft des Konsums.

Zusammenfassung

Ich darf mich unglaublich glücklich schätzen, wenn mir mit diesem Buch zwei Dinge gelungen sind:

1. **Mehr Experimentierfreude mit Content.**
Selten hatte Marketing solch vielseitige und spannende Möglichkeiten. Mit Freude sollten wir experimentieren, ausprobieren und einfach einmal machen. Denn durch Zögern lernt man nur selten.
Marketingmenschen sind auch Konsumenten – wir sollten uns also nicht freiwillig langweilen.
2. **Keine oberflächlichen Gesten mehr!**
Unternehmen und Marken können sich eine abwartende Haltung oder Zaghaftigkeit im digitalen Transformationsprozess nicht mehr erlauben. Die Jahre des Redens sollten vorbei sein: Jetzt machen!
Ohne das Aufbrechen von Strukturen, das Kreieren von interdisziplinären Teams und eine effizientere Form von Abstimmungsprozessen, wird über kurz oder lang der Anschluss verpasst.

Gut konzipierter Content kann Marken helfen, permanent und schnell für Veränderungen gewappnet zu sein. Ist dieser so umgesetzt, dass eine nahtlose Consumer Journey gewährleistet ist, hört man zeitnah die Bedürfnisse der Konsumenten und kann entsprechend reagieren. Wird Content mit den richtigen Daten kombiniert, kann er auch Researchtool und Trendprognose sein.

Der Kreativität steht mit gebündelten Daten und Technologien die Welt offen.

MIX
Papier aus verantwortungsvollen Quellen
Paper from responsible sources
FSC® C105338

If you have any concerns about our products,
you can contact us on
ProductSafety@springernature.com

In case Publisher is established outside the EU,
the EU authorized representative is:
**Springer Nature Customer Service Center GmbH
Europaplatz 3, 69115 Heidelberg, Germany**

Printed by Libri Plureos GmbH
in Hamburg, Germany